幼儿园室内体育游戏活动案例

主编 王晓彤 顾艺文

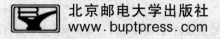
北京邮电大学出版社
www.buptpress.com

内 容 简 介

本书以促进幼儿身心健康发展,培养幼儿对运动活动的兴趣为基础,呈现了大量包含走、钻爬、投掷、跳跃等基本动作和平衡、视觉追踪、柔韧等身体素质提升的室内游戏案例,并且根据幼儿柔韧度的发展规律和各年龄段幼儿身心特点,编排了适合大、中、小班幼儿的午睡唤醒柔韧操,旨在唤醒幼儿身体各机能的同时,提高幼儿的柔韧度。另外,本书还将幼儿游戏活动场所由幼儿园延伸到了居家空间,充分利用了家庭中的道具器械以及与家长的亲子时间。

本书适合学前教育工作者和学习者,以及对幼儿室内体育游戏活动感兴趣的读者使用。

图书在版编目(CIP)数据

幼儿园室内体育游戏活动案例 / 王晓彤,顾艺文主编. -- 北京：北京邮电大学出版社, 2021.7(2023.11 重印)
ISBN 978-7-5635-6424-8

Ⅰ. ①幼… Ⅱ. ①王… ②顾… Ⅲ. ①体育课—教案(教育)—学前教育 Ⅳ. ①G613.7

中国版本图书馆 CIP 数据核字(2021)第 145337 号

策划编辑：刘纳新　姚　顺　　责任编辑：廖　娟　　封面设计：七星博纳

出版发行	北京邮电大学出版社
社　　址	北京市海淀区西土城路 10 号
邮政编码	100876
发 行 部	电话：010-62282185　传真：010-62283578
E-mail	publish@bupt.edu.cn
经　　销	各地新华书店
印　　刷	保定市中画美凯印刷有限公司
开　　本	720 mm×1 000 mm　1/16
印　　张	13.75
字　　数	207 千字
版　　次	2021 年 7 月第 1 版
印　　次	2023 年 11 月第 5 次印刷

ISBN 978-7-5635-6424-8　　　　　　　　　　　　　　　定价：45.00 元

・如有印装质量问题,请与北京邮电大学出版社发行部联系・

小天地　大作为
——让孩子动起来、乐起来、健起来

著名校长李镇西曾说过：一个日子，一个孩子，就是教育。善待每一个日子，呵护每一个孩子，就是教育的全部。在实践工作中，如何善待、呵护每一个孩子，是每一个教育工作者始终要面对和思考的问题。

游戏是儿童的天性，玩具是童年的亲密伴侣。鲁迅先生曾说过："游戏是儿童最正当的行为，玩具是儿童的天使。"游戏符合幼儿身心发展特点，是幼儿最愿意从事的活动，游戏能满足幼儿的需要，有效地促进幼儿心身发展，具有其他活动所不能替代的教育价值。但受季节、天气等因素的影响，特别是近年来，雾霾天气严重影响了幼儿室外游戏的顺利开展。在有空气污染的环境条件下，进行室外体育游戏不仅不能增强体质，还会对幼儿身心造成一定程度的伤害，特别是对成长发育中的幼儿，影响尤为突出。但同时，幼儿的身心发展需要一定量的游戏活动，只有身体的充分运动才能促进其体能甚至其他方面的发展。面对两难问题，很多幼儿园都在思考如何利用室内空间来满足和增加幼儿的运动量。因此，幼儿园实施室内体育游戏活动自然成为室外体育游戏活动的有效且有益的补充，成为增加幼儿活动量的重要途径和手段。

北京邮电大学幼儿园的教师从维护、保障幼儿最大利益出发，积极进行室内体育游戏的研究和实践，努力促进幼儿身心健康发展，培养幼儿对体育游戏的兴趣，使《3—6岁儿童学习与发展指南》（以下简称《指南》）、《幼儿园教育指导纲要》真正落到实处。他们注重树立正确的儿童观、教育观，基于对园内、室内场地的合理布局，对材料的开发与利用，对幼儿室内体育游戏活动进行了有益的探索和研究。他们立足本园实际，让室内的小空间发挥出大作用，让幼儿在室内体育游戏活动中玩出精彩与快乐，玩出健康与发展。其具体体现以下几方面。

首先，重视游戏的开展，使游戏成为幼儿最好的学习和锻炼方式。对于幼儿来说，游戏是一种重要、适宜、自然的学习。幼儿的身心发展需要游戏，游戏是促进幼儿发展的重要手段。在体育游戏活动的开展中，易于激发幼儿参与运动的兴趣，实现寓教于乐，使幼儿在玩中学、学中玩，在玩中获得各方面的发展。

其次，凸显游戏是内容和形式的结合。游戏既是活动的内容，又是活动实施的背景，还是活动实施的途径。教师珍视游戏对幼儿发展的价值，充分发挥游戏对幼儿发展的作用，注重保证幼儿体育游戏的时间和空间，提供丰富的游戏材料，使幼儿充分自主、愉快地游戏，通过游戏促进幼儿动作、体能等发展。

再次，教师在实践中注重把参与室内体育游戏的权利还给幼儿，研究如何在活动中充分体现幼儿的主体性，以及活动空间、游戏内容、游戏材料等是否适合幼儿。教师注重将游戏的主动权还给孩子，让他们根据需要决定游戏的空间、内容、材料、玩伴，从而调动幼儿的积极主动性，实现幼儿的真发展。北京邮电大学幼儿园的教师在室内体育游戏设计之初，就尊重儿童的年龄特点和兴趣，结合幼儿动作发展需要，激发幼儿积极探索和参与游戏的愿望，设计了有趣活泼且适合幼儿生理、心理特点的游戏情节。通过各种游戏形式，创设丰富情节，营造竞争氛围，使游戏场地和材料"活"起来，这样幼儿才能从"模仿学习"走向"探索学习"，从"被动运动"走向"主动运动"。

最后，教师注重创设支持幼儿发展的环境。如何为幼儿创设有益其发展的环境呢？日本教育家高杉自子说："站在孩子的立场思考，站在孩子的立场设置环境，站在孩子的立场创造生活，与孩子们共同游戏、同悲同喜，这样才能真正有效地促进幼儿发展。"《指南》指出"幼儿的学习是以直接经验为基础，在游戏和日常生活中进行的，要珍视游戏和生活的独特价值。"北京邮电大学幼儿园的管理团队和教师团队在实际工作中凸显了幼儿是环境的主人，注重对儿童主体地位的尊重，将重视儿童的主动性作为幼儿园工作的重心。如充分利用园内每个空间，挖掘每个角落的运动价值，因地制宜地进行室内体育游戏；如班级活动室、睡眠室、走廊、门厅等，让幼儿在天气恶劣的情况下也能够坚持运动锻炼，发展幼儿多种运动的技能,让幼儿在室内也能玩得开心,玩出健康。

在运动材料提供上,北京邮电大学幼儿园的教师也非常用心,游戏材料的安全性、适用性、可变性和可操作性都是其考虑的重点。在室内,利用身边的家具桌椅、室内的玩具、随手可取的物品等,鼓励教师和幼儿再创造,充分实现"一物多玩"。幼儿能玩出许多花样,有的走平衡、有的跳跃、有的钻爬等,通过体育游戏可发展幼儿各方面的能力,使其身心和谐发展。

北京邮电大学幼儿园教师创编的室内体育游戏内容丰富多彩,不仅包含了走、钻爬、投掷、跳跃等基本动作锻炼,还包含了平衡、视觉追踪、柔韧等身体素质提升的内容。教师还参照教育部等八部门联合印发的《综合防控儿童青少年近视实施方案》,设置了视觉追踪类游戏,让幼儿在室内游戏活动期间也能放松眼部肌肉,保障幼儿视力健康。在形式上,依据游戏玩法、空间大小,适宜组织集体活动、小组活动,或是自由分散的创造性游戏。同时,在组织开展室内体育游戏的过程中,根据幼儿活动的需求及时选择或调整游戏内容,更大程度地发挥幼儿参与室内游戏活动的积极性和创造性。

"儿童的幸福是指在一个充满支持的生活和学习环境中,其需要、兴趣被充分关注,其天性被充分关注,儿童能以自己特有的方式学习,能将思考与行动结合起来……"让我们共同努力,在小小的天地里有更大的作为,改善教育环境,增进幼儿有益经验,让幼儿动起来、乐起来、健起来,将幼儿的发展真正落在实处。

苏 婧

2021 年 1 月

前　言

"十二五"时期,教育部提出学前教育三年行动计划和国家学前教育重大项目,要求整体推进、重点突破,加快学前教育改革发展。站在特殊的历史节点,立足于学前教育改革的迫切形势,本园科学分析学前教育发展趋势,反复研读《3—6岁儿童学习与发展指南》(以下简称《指南》)和《幼儿园教育指导纲要(试行)》(以下简称《纲要》),结合园所实际情况确立了以健康教育为办园特色。"十二五"期间,我园以《幼儿体育与幼儿安全研究》课题为主线,开启了为期三年的幼儿体育教育及安全研究工作,设计并在实践中运用了《幼儿户外体育运动感觉费力程度评级记录表》和《幼儿四项基本动作测试表》,该课题研究为我园探索体育教育教学,掌握幼儿动作发展特点,设计各类体育游戏奠定了基础。"十三五"期间,我园借鉴"十二五"时期园所管理与教育实践中取得的成功经验,结合我园幼儿体育教育研究与实践工作实际,申请了《各年龄段幼儿"跑、跳、投掷"游戏特点及指导策略》课题研究项目,已于2020年年底顺利结题,并荣获优秀课题。

室内体育游戏活动是北京邮电大学幼儿园"十三五"期间课题研究成果之一。《指南》指出:"幼儿每天户外活动时间一般不少于两小时,其中体育活动不少于一小时。"但由于季节、天气等客观因素的影响,进行户外体育游戏有时不但不能增强体质,还会对身体造成一定程度的伤害,特别是对成长发育中的幼儿。他们每日需要一定量的运动,只有身体的运动才能促进其体能的发展。面对这样的两难问题,北京邮电大学幼儿园以课题为实践推进的抓手,把解决问题作为实践的目标与导向,开启了为期五年的室内体育游戏活动的研究工作。

本书以促进幼儿身心健康发展，培养幼儿对运动活动的兴趣为基础，将《指南》真正落到实处，充分利用园内每个空间，挖掘每个角落的运动价值，对材料进行充分的开发与利用，促进教师教育理念更新，对室内体育游戏活动进行探索和研究，立足本园实际情况，让室内的小空间发挥出大作用，让幼儿在特殊天气里也能够进行运动锻炼，发展幼儿多种运动的技能，让幼儿在室内也能玩得开心，玩出健康。

室内体育游戏活动作为室外运动的一种有效补充。从设计之初，研究者就从尊重幼儿的年龄特点和兴趣出发，结合幼儿动作发展需要，激发幼儿积极探索和参与的欲望，设计了有趣活泼、适合幼儿生理和心理特点的游戏活动。通过各种游戏形式，创设丰富情节，营造竞争氛围，使游戏场地和材料"活"起来。本书呈现的游戏活动案例除了包含走、钻爬、投掷、跳跃等基本动作锻炼外，还包含了平衡、视觉追踪、柔韧等身体素质提升的内容。特别是"视觉追踪类"游戏，参照教育部等八部门联合印发的《综合防控儿童青少年近视实施方案》，让幼儿在室内游戏活动时也能放松眼部肌肉，保障幼儿视力健康，有利于扎实落实新时代儿童青少年近视防控工作等系列文件的要求。

作者依据幼儿柔韧度的发展规律，结合各年龄段幼儿身体和心理特点，编排了适合大、中、小班年龄段的唤醒柔韧操。操节充分利用幼儿午睡醒来后的时间，进行床面操节活动，旨在唤醒幼儿身体各机能的同时提高幼儿的柔韧度。目前，唤醒柔韧操已在本园实施开展，取得了良好效果。

我们认为家庭亲子运动游戏是室内体育游戏活动的有效补充，因此将活动环境由幼儿园延伸到家庭，拓展了室内活动的空间，充分利用了幼儿与家长的亲子时间、居家空间，以及家庭中触手可及的道具器械。我们分别针对三个年龄段的幼儿，设计符合其年龄特点、运动负荷的游戏活动。从提升免疫力的五个纬度出发，以幼儿基本动作发展为载体，以亲子游戏为呈现形式，发展幼儿的综合能力（平衡性、协调性、柔韧性、灵敏性、空间认知能力及身体认知能力），有效提高家庭生活质量。

《幼儿园室内体育游戏活动案例》是《幼儿园室外体育游戏活动案例》的姊妹篇。五年来，从项目申报到课题成果展示，从茫然困惑到坚定自信地前行。

前 言

一群研究者在反复实践中大胆行动、小心求证、持续探索、复盘反思,不断地调整完善。如今,我们有幸将本园在实践检验后而形成的一套室内体育活动游戏案例展现在广大读者面前,内心欣喜之余也充满无限感激。在此感谢编委郝晓生、张晓双、付晓波、王诗傑、田晓华以及参与实施案例的雷慧、陈亚波、李亚琪、张思雨、马兴利、胡馨馨、郭悦、郭欢、张利婷、郭莹、卢昕、张宏、张兰、崔莹莹、韩秀玲,感谢老师们的探索与实践,为幼儿的健康成长贡献自己的力量。感谢本园家长朋友的支持与配合,你们的参与是对我们莫大的鼓舞!本书的出版得到了北京邮电大学出版社的支持和帮助,在此表示诚挚的谢意。由于编者水平有限,书中不当之处恳请读者批评指正。

王晓彤
北京邮电大学幼儿园园长

目 录

第一章 理论部分 ·· 1

  一、幼儿园体育教学常用名词概念 ································ 1

  二、幼儿园室内体育游戏活动的意义 ······························ 2

  三、幼儿园室内体育游戏活动内容 ································ 3

  四、幼儿园室内体育游戏活动组织形式 ···························· 4

  五、室内体育游戏活动的注意事项 ································ 6

  六、幼儿园室内体育游戏活动基本动作要求和练习方式 ·············· 6

第二章 室内体育游戏活动案例 ······································ 12

  第一节 小班室内体育游戏活动 ···································· 12

    一、平衡类 ·· 12

    二、柔韧类 ·· 17

    三、走 ·· 23

    四、钻爬 ·· 28

    五、投掷 ·· 33

    六、视觉追踪类 ·· 41

    七、综合类 ·· 46

  第二节 中班室内体育游戏活动 ···································· 54

    一、平衡类 ·· 54

二、柔韧类 …………………………………………………… 61
　　三、走 ……………………………………………………… 70
　　四、钻爬 …………………………………………………… 75
　　五、投掷 …………………………………………………… 80
　　六、视觉追踪 ……………………………………………… 87
　　七、综合类 ………………………………………………… 93
　第三节　大班室内体育游戏活动 …………………………… 105
　　一、平衡类 ………………………………………………… 105
　　二、柔韧类 ………………………………………………… 112
　　三、走 ……………………………………………………… 120
　　四、钻爬 …………………………………………………… 126
　　五、投掷 …………………………………………………… 132
　　六、视觉追踪 ……………………………………………… 140
　　七、综合类 ………………………………………………… 146

第三章　幼儿室内体操 ………………………………………… 156
　一、唤醒柔韧操 ……………………………………………… 156
　二、椅子模仿操 ……………………………………………… 167

第四章　家庭亲子运动游戏 …………………………………… 179
　一、小班 ……………………………………………………… 179
　二、中班 ……………………………………………………… 189
　三、大班 ……………………………………………………… 198

参考文献 ………………………………………………………… 206

第一章 理论部分

一、幼儿园体育教学常用名词概念

1. 体育：是一种复杂的社会文化现象，它以身体与智力活动为基本手段，根据人体生长发育、技能形成和机能提高等规律，能够促进全面发育、提高身体素质与全面教育水平、增强体质与提高运动能力、改善生活方式与提高生活质量的一种有意识、有目的、有组织的社会活动。体育可分为大众体育、专业体育、学校体育等，幼儿体育属于学校体育的一种。

2. 幼儿体育：是指遵循幼儿身体生长发育规律，以增强体质，提高健康水平，促进幼儿身心全面、和谐发展为目的所进行的一系列教育活动。

3. 体质：即人体的质量，它是在遗传性和获得性的基础上表现出来的人体的心态结构、生理机能和心理素质的综合的、相对稳定的特征。体质包括体格、体能、适应能力和心理素质。

4. 体格：是指人体形态、结构和生理机能的发育发达水平，主要包括人体生长发育水平、体型和身体姿态等。

（1）生长发育水平：通过人体的身高、体重、坐高、肩宽、头围、胸围、骨盆宽等测量值来体现。

（2）体型：是指人体各部分之间的比例。

（3）身体姿势：是指人的坐、立、行走等姿势。

5. 体能：是指身体在从事身体运动时所表现出来的机能能力。体能包括身体素质和身体基本动作两方面的发展水平。

6. 身体素质：是指人体活动在神经系统指导下肌肉活动所表现出来的能力，如力量、耐力、灵敏、平衡、柔韧等。

7. 基本动作：包括走、跑、跳、投掷、平衡、攀登和钻爬，这是人们在各种活动中必需的动作，是生活中不可缺少的最基本的活动技能。

8. 协调素质：是两个以上的身体部位的活动形成有效合理的动作，应对外来刺激的运动能力，如眼和手的协调性、手和脚的协调性。

9. 柔韧素质：是指身体柔软的程度，身体向各种方向弯曲、伸展的能力，关节活动的范围。柔软性越强，就越不容易受伤。

10. 平衡素质：是指保持身体姿势平稳的能力。如在跳跃、行走运动的过程中，即使身体失去平衡，也可以调整姿势，保证身体不会摔倒。平衡性分为动态平衡性和静态平衡性。

11. 视觉追踪：是指眼睛在追视、检视视觉线索时，所表现出的维持注意力和抗干扰的能力。

12. 小肌肉群运动与大肌肉群运动：小肌肉群运动，是指尖的动作、手指的屈伸、眼和手的协调性动作等局部动作的运动；大肌肉群运动，是指走、跑、跳、投掷、攀登等全身运动。

13. 室内体育游戏：是指在室内开展的各种体育活动的总称。它不受气候因素干扰，能保证幼儿体育活动的开展，并在活动内容、活动目标等方面和室外体育活动相互补充。

二、幼儿园室内体育游戏活动的意义

（一）满足游戏运动需求，提高幼儿身体素质

《3—6岁儿童学习与发展指南》指出，幼儿每天的体育活动时间不少于1小时，气温过热或过冷的季节或地区应因地制宜，选择温度适当的时间段开展户外活动。北方地区冬季寒冷，幼儿的身体素质与抵抗力参差不齐，特殊天气不宜开展室外活动。为了弥补幼儿体育活动时间的不足，幼儿园可以根据气温的变化与幼儿的个体差异安排室内体育游戏活动。除了北方的极寒天气外，雾

霾、雨雪、大风等天气都应该将活动由室外转向室内。由此可见,室内体育游戏活动可以满足特殊天气时幼儿的运动需求。

(二) 丰富游戏运动内容,让幼儿玩出精彩

由于室内体育游戏活动的空间、器械、场地与户外体育运动不同,所以二者的类型、环节、方法也迥然不同。为了让幼儿在室内体验到体育运动的乐趣,达到强身健体的目的,教师会打开脑洞创编室内体育活动内容,或者创造出适合室内开展的新型运动。例如,活用经典民间游戏创编新玩法,模仿时尚游戏"撕名牌"开展躲闪游戏等。新运动有新玩法,新玩法有新乐趣,新乐趣增添新技能。因此,教师应以开放、包容的心态接纳具有安全性且能为幼儿带来快乐的游戏,让幼儿在游戏中玩出精彩。

(三) 完善室内体育游戏活动,使其成为特殊天气时的运动方式

体育游戏活动分为室外与室内两种。一般而言,室外体育游戏活动开展得较多,类型丰富,科学严谨。虽然室内体育游戏活动具有安全性更高、卫生条件更好、创造性空间更大的特点,但是开展得较少。因此,幼儿园也应该不断开发适合室内开展的幼儿体育运动,完善幼儿体育游戏运动体系,使其成为弥补特殊天气时不能开展室外体育活动的运动方式之一,以促进幼儿身体各项素质均衡发展。

三、幼儿园室内体育游戏活动内容

(一) 利用室内空间,设计适宜游戏

幼儿园教室、多功能厅、阳台、门厅、走廊等活动空间都可以开展室内体育活动。教师应认真分析每个活动空间的特点,利用不同场地优势,在保证幼儿安全的情况下,设计适宜的游戏活动。例如,教师可以选择比较宽敞的教室组织一些跨跳、旋转、钻爬等大运动游戏活动;比较狭长的走廊、阳台则适合开展柔韧类、纵跳类、移动范围小的投掷类等游戏活动。教师还可以尝试巧妙地运用常规空间,如利用幼儿寝室中床铺的不同高度组织幼儿进行手臂支撑、匍匐前进等游戏活动;运用上下楼梯、门厅台阶等,组织攀爬、跳跃活动。

（二）挖掘室内体育游戏活动道具价值，玩出运动新花样

室内体育游戏活动同样需要体育运动设备与器材。幼儿园里数量充足的桌椅可以组合成满足活动要求的游戏道具。例如，教师可以将两张小椅子面对面放倒后椅背对齐，摆成长长的隧道，开展"虫子特工队"游戏；可以将两张长方形桌子拼成方桌，让幼儿处于方桌的四个边，玩趣味推球游戏；可以用桌子摆一个迷宫，开展"桌子迷宫"游戏；可以将地垫铺在地板上，模仿水中的荷叶，让"小青蛙"们跳着过河；可以将绳子交叉穿过平行摆放的床之间，当作"红外线"，开展"小小特种兵"的游戏，士兵们要小心钻跨过每条"红外线"才算完成任务。除了桌、椅、床等日常家具外，幼儿园还有很多活动道具也适用于室内游戏活动，如沙包、跳绳、套圈、海洋球等。教师要巧用室内活动的游戏道具，为幼儿创设一定的游戏情境，激发幼儿的游戏兴趣。

（三）自制创意游戏道具，提升幼儿参与积极性

教师在开展室内体育游戏活动时，有时还需要开动脑筋，动起手来，自己制作一些有创意的游戏道具。例如，教师将跳绳编织在一起，形成一长长的"河"，组织幼儿开展"摸石头过河"的游戏；自制巨型弹弓，再加上小鸟毛绒玩具，开展"愤怒的小鸟"的游戏；利用废报纸揉成纸球，开展"小小投手"投掷类游戏；自制U形薯片桶，将乒乓球放入U形薯片桶，手托U形薯片桶传送乒乓球至终点，开展身体控制类游戏。教师制作的游戏道具可以使室内体育游戏活动变得更新奇有趣，更容易调动幼儿参与游戏活动的积极性。

四、幼儿园室内体育游戏活动组织形式

"小空间"要有"大乐趣"。为了让幼儿在幼儿园里能够拥有足够的体育运动时间，教师们纷纷开动脑筋，设计并实施了几十种室内体育游戏活动方案。幼儿们在室内或者跳，或者跑，或者钻，或者爬，他们感受到了与室外体育运动一样的乐趣，还拥有了室内空间里更愉悦的运动体验。总结梳理室内体育游戏类型，依据其对幼儿身体素质与运动能力产生的促进作用，可以将其大体划分为基本动作发展游戏、身体素质提高游戏和预防幼儿近视的视觉追踪类游戏。

(一) 遵循幼儿动作发展规律,发展幼儿基本动作

人类活动的基本动作主要包括走、跑、跳、钻爬、投掷、平衡、攀登、悬垂和柔韧性动作等。幼儿基本动作的发展是一个循序渐进的过程。科学合理的体育游戏运动可以促进幼儿基本动作稳定、快速发展。《3—6岁儿童学习与发展指南》指出,幼儿园要利用多种活动发展幼儿的身体平稳性与协调能力。鼓励幼儿进行跑、跳、钻爬等,发展幼儿动作的协调性和灵活性。例如,幼儿园大班开展的游戏"翻山越岭",教师利用若干桌椅拼出高低起伏的爬行桥区,并摆设出抛飞盘区、隧道区、平衡桥区,让幼儿通过爬行桥拿起飞盘,然后俯身依次从隧道下爬过,再从小椅子摆出的平衡桥上跨过。这个游戏不仅能发展幼儿上下肢和腰腹力量,还能提高幼儿匍匐前进的速度、身体平衡能力和提升柔韧性。

(二) 运用游戏,提高幼儿身体素质

幼儿有骨骼细小、硬度差、容易变形,肌肉体积小、收缩力弱,肺活量小,注意力不集中等特点。因此,针对幼儿身体素质的特点,教师创设科学的室内体育游戏活动,利用游戏活动引导幼儿强身健体。依据《3—6岁儿童学习与发展指南》的要求,幼儿应该具有一定的力量和耐力,这就要求教师创设的室内体育运动要以提高幼儿的运动速度、肌肉力量、耐力、平衡性、协调性、柔韧性、灵活性、敏捷性等为切入点。例如,幼儿园中班开展的"塔吊竞赛",教师将两张桌子合并放好,桌子的四个方向分别摆放四个软飞盘,软飞盘放置在幼儿脚前;教师将八名幼儿分成四组,其中四名幼儿站在桌子旁边,另外四名幼儿躺在桌子四个方向的下面;教师发出指令后,站在桌子旁边的幼儿将飞盘放在躺着的幼儿双脚之间,躺着的幼儿腰腹用力将飞盘放到桌子上(动作要领:手放身体两侧,手心向下,贴在地面,双腿伸直用力)。这个体育游戏活动不仅能提升幼儿身体的柔韧性、灵活性、协调性,还能发展幼儿的空间认知能力。

(三) 积极开展视觉追踪游戏,有效预防幼儿近视

眼睛是心灵的窗户。据统计,我国视力异常的发生率在迅速攀升并且趋于低龄化,视力问题已经成为人们日益关注的公共卫生问题。而学龄前期是儿童视力发育成熟的关键时期,也是视力异常的易发期,其视觉发育有很大的可塑

性。视觉追踪类游戏活动不仅能锻炼幼儿的眼球肌肉,而且能提高幼儿的观察力和专注力,还能缓解视力疲劳,有效地预防幼儿视力下降。幼儿园开发了多种视觉追踪类游戏活动,如大班的"桌球大作战""抢沙包"游戏;中班的"模拟城市""西部对决"游戏等;小班开展的"寻找海洋球"游戏,教师让幼儿自由站在场地内,然后随机向上抛海洋球,幼儿根据教师的指令找到对应颜色的海洋球,将海洋球抛向空中,下对应颜色的海洋球雨。为了增加难度,教师还会将长颈鹿玩偶放在活动室的一侧,间距1.5米处排列自制小草。幼儿根据教师的指令找到对应颜色的海洋球,站在小草后面将海洋球投向长颈鹿,给长颈鹿喂食。幼儿在体育游戏活动中寻找对应颜色的海洋球,不仅使其感受到了集体游戏的快乐,而且还发展了幼儿快速反应的能力。

五、室内体育游戏活动的注意事项

(一)要制订室内体育游戏活动的计划

充分利用各种空间和多余的教室,开辟室内体育活动的场地和教室,并划分和安排好各年级、各班级开展活动的场地和教室,使每个空间和教室得到充分利用。

(二)要建立室内体育游戏活动的常规

由于受室内体育游戏活动的场地和运动器材的限制,应建立取放活动器材、使用活动器材、堆放衣物鞋子、活动范围和路线、避让方法等常规。

(三)要重视运动卫生工作

开展室内体育游戏活动时,应打开窗户,保持空气流通,教师要注意全面观察,并进行必要的指导和保护,防止幼儿碰撞和受伤。

六、幼儿园室内体育游戏活动基本动作要求和练习方式

我园经过多年的研究和总结,发现并不是所有的基本动作都适合在室内进行。例如,"跑"这个动作,一般幼儿园室内空间有限,幼儿跑起来很难控制身体速度,容易发生危险,不能很好地做这个动作。

所以,我们对所有的动作进行了大量的游戏案例分析、分年龄段教研,总结出适合室内基本动作。

(一) 走

"走"是幼儿需要学习的基本动作之一,是一种周期性有氧代谢活动。"走"的能力发展,不仅能增强幼儿腿部肌肉力量,提高身体的平衡和协调性,还能让幼儿认识世界和探索世界,使其更好地适应社会,为其身心健康发展奠定良好的基础。

1. 小班幼儿"走"的基本动作

(1) 基本动作特点:初步控制走路的方向;步幅小、不稳定;摆臂幅度小;上下肢不够协调;东张西望、注意力易分散;节奏性差;保持队形能力差。

(2) 基本动作发展:一个跟着一个走、听信号走、四散走、变换速度走、持物走、前脚掌走、倒退走。

2. 中班幼儿"走"的基本动作

(1) 基本动作特点:初步形成个人走路特点;能够保持队形;能随着节拍走,但调节节奏能力较差;集体走路时,能够保持距离。

(2) 基本动作发展:小步走、大步走、左右交叉走、蹲着走越过障碍、变换方向走、屈膝团身走。

3. 大班幼儿"走"的基本动作

(1) 基本动作特点:形成个人走路特点;自然放松、平衡协调;能够调节步幅;能保持队形;能够独立想出新的行走动作。

(2) 基本动作发展:高抬腿走、拍响走、协同走、变换手臂走、脚跟走、弹簧步、后踢步。

4. 教学建议

(1) 注意姿势,不能含胸低头。为了防止走成内、外"八字脚",幼儿园不要要求幼儿互相拉着衣服走。为了增强腿部力量和预防平足,使"走"的动作更完善,应多让幼儿尝试各式各样"走"的动作。

(2) 教师和家长在日常生活中应注意培养幼儿"走"的正确姿势,同时要求自己"走"的姿势正确优美,以给幼儿做榜样。

(二) 钻爬

钻爬是幼儿最早掌握的身体移动技能和保护技能。钻爬动作的发展能增强幼儿四肢肌肉力量，发展身体协调性、灵活性，提升平衡能力和应变能力，有效地促进幼儿感觉统合的发展。

1. 小班幼儿"钻爬"的基本动作

(1) 基本动作特点：喜欢钻；不能较好地掌握屈膝、弯腰和紧缩动作要领；会低头过障碍；会手膝协调向前爬；能在攀登架上爬上爬下。

(2) 基本动作发展：正面钻、直线钻、手膝爬、肘膝爬、手脚爬、钻爬障碍物。

2. 中班幼儿"钻爬"的基本动作

(1) 基本动作特点：正面钻的动作掌握得较好，但是两腿屈与伸的交替动作不够灵活；能够灵巧地控制自己的身体，遇见较低的障碍物时，身体的任何部位不会碰到障碍物。

(2) 基本动作发展：侧面钻、连续钻多个障碍物、曲线钻、匍匐前进、坐爬、躺爬。

3. 大班幼儿"钻爬"的基本动作

(1) 基本动作特点：四肢配合协调且灵活；面对要钻的物体能够自如地控制自己的身体；爬行的动作定型；爬行速度加快且身体协调性和灵活性增强；喜爱并能独立想出新的钻爬动作。

(2) 基本动作发展：倒着钻、躺着钻、仰身爬、侧身爬、屈身爬。

4. 教学建议

(1) 幼儿钻之前要学会低头、弯腰、双腿弯曲。在钻的过程中，无论是正面钻还是侧面钻，教师都要提醒幼儿身体不能触碰障碍物。

(2) 爬的动作主要依靠四肢和躯干协调用力，为了增加在运动中的全身负荷，教师可以结合跑跳游戏，一方面能调节幼儿运动量，另一方面能提高幼儿参与运动的兴趣。

(三) 投掷

投掷是日常实用技能之一，是非周期动作。发展幼儿投掷能力，不仅能增强幼儿上肢的肌肉力量,提高关节的柔韧性和灵活性,发展幼儿的目测力和判断力,还能帮助幼儿宣泄情绪。

1. 小班幼儿"投掷"基本动作

(1)基本动作特点:主要运用上肢力量;动作不协调;动作紧张;下肢和躯干不能协调配合;力量小;出手角度不稳定、方向不准确。

(2)基本动作发展:滚球、下手投掷、向上自然投、单手肩上投掷。

2. 中班幼儿"投掷"基本动作

(1)基本动作特点:会做投掷挥臂、甩腕等动作;动作比较协调、有力;投掷距离较远、方向较准确。

(2)基本动作发展:双手头上投掷、腹前投掷、滚球击物、单手肩上掷准。

3. 大班幼儿"投掷"基本动作

(1)基本动作特点:熟练掌握单手肩上、肩侧、低手投掷,双手头上、胸前、腹前投掷动作;会全身协调用力;投掷远度和准确性明显提高;出手角度仍不稳定。

(2)基本动作发展:胸前投掷、半侧面转体肩上投掷、投篮练习、套圈、击打移动靶。

4. 教学建议

(1)为了全面锻炼幼儿身体,其左、右手都要练习投掷。

(2)投掷时,幼儿会经常出现不会挥臂、手腕抖动、全身助力等问题,教师要及时纠正,同时增加挥臂动作的辅助练习。

(四)平衡

平衡是指保持身体平稳的能力,平衡能力是可以通过训练不断增强的。

1. 小班幼儿"平衡"基本动作

(1)基本动作特点:调节身体平衡能力较弱,容易摔跤;走平衡木时常常低头、耸肩,身体摇晃,不敢交替向前迈步。

(2)基本动作发展:前脚掌走、窄道移动、荡秋千、走斜道、走平衡木、快跑急停。

2. 中班幼儿"平衡"基本动作

(1) 基本动作特点：能够调整身体平衡能力以适应活动要求；走平衡木时，动作协调、轻松、自然、稳定，能在平衡木上做上下肢动作变换。

(2) 基本动作发展：原地旋转、踩高跷、闭目移动、跨过间隔的物体走、提踵站立。

3. 大班幼儿"平衡"基本动作

(1) 基本动作特点：了解自己的平衡能力，在不稳定物体上不慌张，在平衡木上可以单脚站立。

(2) 基本动作发展：单脚站立，缩小自身面积的走动、滚动和翻转。

4. 教学建议

(1) 幼儿平衡练习应以动力性平衡和主动性练习为主（即依靠自己肌肉活动来锻炼平衡能力）。

(2) 平衡教学要遵循循序渐进的原则，即要由慢到快、由低到高、由易到难、由少到多、由简单到复杂，切不可操之过急，过急容易出问题，如旋转速度太快或圈数太多，幼儿会头晕或摔倒。幼儿有过一次"痛苦"的经历之后往往就不愿意练习了，影响锻炼效果，甚至可能出现伤害事故。

(3) 教师应保证示范质量，力求做到正确、轻松、优美。有些动作，如前滚翻、滚动、旋转等，教师因身体条件限制做示范有困难，可培养灵活性、平衡能力强的幼儿做示范。

(4) 注意区别对待。对能力强、爱活动的幼儿要注意其安全，并注意掌握其活动量；对能力稍弱、胆小的幼儿要多鼓励，耐心、细致地帮助他们。

(5) 教师应注意动力性平衡动作和静力性平衡动作的交替练习，避免让幼儿长时间做静止的平衡动作。

（五）柔韧

柔韧是指人体关节活动幅度以及关节韧带、肌腱、肌肉、皮肤和其他组织的弹性和伸展能力，即关节和关节系统的活动范围。柔韧性可以分为主动柔韧性和被动柔韧性。

1. 小班"柔韧"基本动作

(1) 基本动作特点：柔韧性最强，但是不能掌握练习动作。

(2) 基本动作发展：正压腿、侧压腿、前压腿、俯腰、坐位体前屈。

2. 中班"柔韧"基本动作

(1) 基本动作特点：是柔韧性练习黄金阶段，熟悉练习动作并标准到位，喜欢挑战新动作。

(2) 基本动作发展：后压腿、侧压腿、横叉、后踢腿、甩腰、平行体前屈。

3. 大班"柔韧"基本动作

(1) 基本动作特点：幼儿5岁后，柔韧性下降；能够将动作正确做出，且姿势优美。

(2) 基本动作发展：竖叉、勾脚、涮腰、直立体前屈、正压肩。

4. 教学建议

(1) 教师带领幼儿做柔韧性相关素质的游戏时，无论是开始阶段还是结束阶段都要做好热身活动，避免拉伤。

(2) 教师组织做柔韧性相关游戏时，要循序渐进，不能急于求成；在游戏中，教师要注意幼儿身体肌肉群全方位的练习，动作不能单一，且根据幼儿自身条件，量力而行。

第二章 室内体育游戏活动案例

第一节 小班室内体育游戏活动

一、平衡类

游戏名称：头上的豆子

锻炼动作：平衡。

游戏目标：

1. 巩固幼儿手膝爬的方法。
2. 发展幼儿下肢力量和身体的平衡能力。

游戏重点：幼儿头顶沙包行走时要保持稳定。

安全保护：

1. 清除场地杂物，避免幼儿在手膝爬时撞到异物。
2. 手膝爬时，女生禁止穿裙子，避免膝盖受伤。

游戏材料：五色盘：5张，梅花碟：5个，沙包：同幼儿数。

场地摆放：

教师用5张五色盘摆出起点位置，并在相距5米处分别用5个梅花碟摆出终点（见图1-1-1、图1-1-2）。

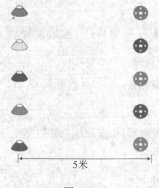

图 1-1-1　　　　　　　　图 1-1-2

游戏玩法：

1. 教师将幼儿分成人数相同的两组。

2. 幼儿拿一个沙包顶在头上从起点出发，双臂平举，走到终点将沙包放在梅花碟上面，然后从终点手膝爬回起点（见图 1-1-3、图 1-1-4、图 1-1-5）。

图 1-1-3　　　　　　　　图 1-1-4

图 1-1-5

游戏规则：

1. 幼儿头顶沙包行走时，如果沙包掉落，须在原地停下，重新顶好后才能再出发。

2. 幼儿将沙包放到梅花碟上时，如果沙包掉落，须重新放好再返回。

温馨提示：

1. 游戏时，可根据场地大小把幼儿分成人数相同的几组（组数多可减少幼儿等待时间）。

2. 游戏时，可播放较欢快的音乐，增加游戏气氛。

游戏名称：小鱼翻身

锻炼动作：蹲走、平衡。

游戏目标：

1. 练习蹲走的运动技巧，增加下肢和腰腹力量。

2. 提升身体的灵活性和快速反应能力。

游戏重点：指导幼儿掌握蹲走的运动技巧，并逐渐加快蹲走速度。

安全保护：运动前，带领幼儿做柔韧性相关趣味游戏，进行热身活动。

游戏材料：软飞盘、五色盘。

场地摆放：

1. 分4列摆放软飞盘，每列5个，间隔60厘米（见图1-1-6）。

2. 增加难度：在软飞盘中间增加五色盘（见图1-1-7）。

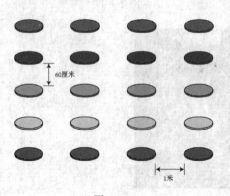

图1-1-6

图1-1-7

游戏玩法：

1. 将幼儿分成人数均等的两组，分别是小马组和小羊组。幼儿站在软飞盘区域的外围，教师发出游戏指令，小马组进入软飞盘区域，将所有软飞盘翻成反面朝上后，迅速退出游戏场地。教师再次发出游戏指令，小羊组进入软飞盘区域将反面的软飞盘翻成正面。游戏交替进行 10 次（见图 1-1-8）。

2. 软飞盘中间增加五色盘，幼儿站在软飞盘区域的外围，教师发出游戏指令，小羊组进入游戏区域，将所有软飞盘翻面后，迅速退出游戏场地。教师再次发出游戏指令，小马组进入游戏区域将所有五色盘翻面后，迅速退出游戏场地。游戏交替进行 10 次（见图 1-1-9）。

图 1-1-8　　　　　　　　　　图 1-1-9

游戏规则：

游戏时，须蹲下完成翻转软飞盘或五色盘的动作，不能用弯腰代替；寻找下一个目标时须蹲走移动，不可起身。

温馨提示：

1. 摆放五色盘时，可根据班级场地的大小尽量让其间隔大一些，给幼儿留出足够活动空间，以免幼儿在活动中相互影响。

2. 教师关注动作较慢的幼儿，及时给予鼓励，控制幼儿游戏时间。

游戏名称：小兔回家

锻炼动作：双脚连续跳。

游戏目标：发展幼儿协调性和下肢力量。

游戏重点：幼儿双脚并拢，双脚同时起跳，连续跳过5个软飞盘。

安全保护：

1. 选用四角平稳的椅子，并提醒幼儿一定要从椅子上走下来，而不是跳下来。

2. 注意控制幼儿出发的间隔时间，保持一定间距。

3. 幼儿跳跃时要尽量注意不要踩到飞盘上，防止崴脚。

游戏材料：软飞盘：20个，小椅子：2把。

场地摆放：

1. 教师将软飞盘10个一列摆出两列，每列中软飞盘间距50厘米，在距离第一个软飞盘20厘米处设立起跳线（见图1-1-10）。

2. 增加难度：在两列飞盘中放置小椅子，每隔2~3个飞盘放置一把小椅子（见图1-1-11）。

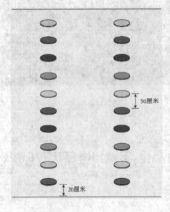
图1-1-10

图1-1-11

游戏玩法：

1. 幼儿站在一列飞盘前，自行跳跃，一个跟着一个跳过软飞盘，然后从右侧跑回起点，继续出发（见图1-1-12）。

2. 增加难度：教师在每列飞盘中放置1把小椅子，幼儿遇到小椅子时，踩上去走下来，然后继续连续跳（见图1-1-13）。

图 1-1-12

图 1-1-13

游戏规则：

1. 幼儿双脚连续跳时,双脚踩到软飞盘或将软飞盘踢乱则须回到起点重新游戏。

2. 教师须提示幼儿:双脚连续跳时,两腿应并拢。

3. 每名幼儿完成 5 次后,游戏结束。

温馨提示：

1. 提醒幼儿双脚连续跳时,注意前面是否有其他幼儿,如果有要等一等。

2. 提醒幼儿在走小椅子时,双手打开以保持平衡。

3. 游戏前,教师可为幼儿戴上小兔头饰,提高幼儿游戏的积极性。

二、柔韧类

游戏名称：放碟片

锻炼动作： 坐位体前屈。

游戏目标：

1. 发展幼儿柔韧性。

2. 提高幼儿腰腹力量。

游戏重点：

1. 幼儿坐在软飞盘上,双腿伸直,膝关节不得弯曲,不得有突然前震的动作。

2. 幼儿拿起软飞盘后双臂并拢平伸,上体前屈。

安全保护:

1. 选用四角平稳的小椅子,椅子后方的支撑物要坚固。

2. 提醒幼儿保持抬头,防止与小椅子靠太近而撞上。

游戏材料: 五色盘:每人1套,软飞盘:每人1个,小椅子:每人1把。

场地摆放:

教师把软飞盘放在小椅子前方1米处,在椅子侧前方20厘米处摆放五色盘(见图1-2-1、图1-2-2)。

图1-2-1　　　　　　　　　　图1-2-2

游戏玩法:

1. 幼儿坐在软飞盘上,双腿伸直,脚跟并拢,脚尖自然分开,全脚掌蹬在小椅子腿上(见图1-2-3)。

2. 幼儿拿起软飞盘,双臂并拢平伸,上体前屈,把软飞盘放在小椅子上面(见图1-2-4)。

游戏规则:

1. 每次只能拿起和放下一个五色盘,首先在小椅子上放完五个五色盘的幼儿为获胜者。

2. 增加难度:教师说颜色,幼儿迅速找出相应颜色的五色盘,放在小椅子上。

图 1-2-3　　　　　　　　　　　　　图 1-2-4

温馨提示：

1．教师提前把五色盘按照颜色分好。

2．游戏前，教师组织幼儿做准备活动，避免肌肉拉伤。

游戏名称：抓木吊车

锻炼目标： 坐位体前屈。

游戏目标：

1．发展幼儿身体柔韧性。

2．锻炼幼儿下肢力量和提升幼儿下肢协调性。

游戏重点： 双脚夹紧并同时发力将鳄鱼球放在对面小椅子上，注意发力均匀。

安全保护：

1．选用四角平稳的小椅子。

2．提醒幼儿不要坐在凳子边缘，防止摔倒。

游戏材料： 鳄鱼球：20个，软飞盘：20个，泡沫砖：20个，小椅子：16个。

场地摆放：

教师把小椅子两两相对摆好，间距约40厘米，把鳄鱼球放在椅子中间(见图 1-2-5、图 1-2-6)。

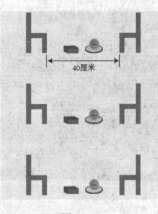 

图 1-2-5　　　　　　　　　　图 1-2-6

游戏玩法：

1. 教师请幼儿坐在一侧椅子上，让其双手抓住椅子靠背，用双脚夹住鳄鱼球，通过抬腿的动作把球放到对面的小椅子上（见图1-2-7）。

2. 将鳄鱼球放好后，教师依次投放泡沫砖、软飞盘，要求幼儿重复上述动作（见图1-2-8）。

图 1-2-7　　　　　　　　　　图 1-2-8

游戏规则：

1. 教师将幼儿分成两组，让其中一组先进行游戏，每名幼儿完成3个鳄鱼球的放置，然后换另一组坐在椅子处放球，所有幼儿完成后算1次，共完成3次后游戏结束。

2. 增加难度：教师在鳄鱼球的基础上增加3个泡沫砖和软飞盘，当所有幼儿完成后算1次，共完成3次后游戏结束。

温馨提示：

1. 椅子间距可以根据幼儿腿的长度做调整。

2. 幼儿用双脚把鳄鱼球夹到椅子上时，可以忽略球是否会掉下来。

3. 如果游戏规则要求夹的鳄鱼球不能从椅子上掉下来，那就需要调整夹的顺序：软飞盘—鳄鱼球—泡沫砖，教师可根据幼儿实际水平进行调整（球更容易夹起）。

游戏名称：划小船

锻炼动作： 坐位体前屈。

游戏目标： 锻炼腰腹力量，提升身体的柔韧性。

游戏重点： 指导幼儿准备游戏时上半身与地面保持垂直状态，游戏时双腿要伸直贴近地面，膝盖不能弯曲。

安全保护：

1. 提醒幼儿尽力而为，部分柔韧性较差的幼儿要注意发力部位——使用腰腹力量进行游戏。

2. 游戏前须热身，游戏后慢慢起身，做放松动作。

游戏材料： 体操圈、玩具。

场地摆放： 清空场地即可。

游戏玩法：

1. 教师将幼儿分成两排，两人一组面对面坐在地上，双腿并拢伸直，脚掌相对。其中一排幼儿是1队，另一排幼儿是2队（见图1-2-9）。

2. 每组1个体操圈，两名幼儿双手拉着体操圈坐好。教师发出指令"1"时，1队的幼儿拉动体操圈身体向后仰；教师喊"2"的时候，2队的幼儿拉体操圈（见图1-2-10）。

3. 幼儿跟着教师的节奏"划船"，如"大风来啦"要快速划，"鲨鱼出现啦"要静静地划。共完成20组左右即可。

4. 增加难度：教师给每队幼儿两个玩具，并将玩具放在1队幼儿的背后。听到教师喊口令"拿"时，1队的幼儿手拿玩具，听到"放"时，弯腰把玩具放在小脚附近;当教师再次发出"拿"的口令时,2队的幼儿弯腰拿起玩具,听到"放"时把玩具放在自己背后。幼儿根据游戏指令轮流拿放玩具,每个幼儿做15次左右即可(见图1-2-11、图1-2-12)。

图1-2-9　　　　　　　　　　　　图1-2-10

图1-2-11　　　　　　　　　　　　图1-2-12

游戏规则:

幼儿在游戏过程中,双腿要伸直贴近地面,膝盖不能弯曲。

温馨提示:

1. 游戏开始前,教师先组织幼儿分组,让幼儿明确自己属于1队还是2队。游戏开始阶段,速度可以慢一些,等幼儿掌握了游戏玩法后逐渐加快速度。

2. 可以根据游戏的速度配上不同节奏的音乐,营造游戏氛围。

三、走

游戏名称：送小动物回家

锻炼动作：跨障碍走。

游戏目标：

1. 练习跨障碍走的运动技能，增强下肢力量。
2. 提高身体的协调性和平衡性。

游戏重点：

指导幼儿在游戏时保持正确的走路姿势，维持身体平衡，练习行进间跨过不同高度的障碍物。

安全保护：

1. 教师适当控制幼儿出发间隔时间，避免拥堵。
2. 教师在布置游戏场地时，游戏道具的列与列之间的距离要大一些，给幼儿留出足够空间，避免因拥挤造成视觉障碍。

游戏材料：五色盘：40个，纸砖：40个，小动物：若干。

场地摆放：

1. 将五色盘分四列摆放，每列10个，五色盘间距离30厘米（见图1-3-1）。
2. 增加难度：每个五色盘下放置一块纸砖（见图1-3-2）。

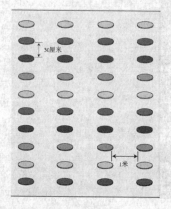

图1-3-1

图1-3-2

游戏玩法:

1. 将幼儿分成四组在起点处排列,听到"开始"口令后出发,跨过五色盘走到终点,然后下一名幼儿出发(见图1-3-3)。

2. 增加难度:将幼儿分成四组在起点处排列,听到"开始"口令后出发,以踮脚走的方式跨过五色盘走到终点,然后下一名幼儿出发(见图1-3-4)。

图1-3-3　　　　　　　　　　图1-3-4

3. 难度提升:在原来的五色盘下放一块纸砖,幼儿从起点拿起一个小动物玩具,用踮脚走的方式跨过五色盘走到终点后,将小动物玩具放在终点,然后下一名幼儿出发(见图1-3-5)。

图1-3-5

游戏规则：

1. 幼儿游戏时须跨越五色盘，不能绕行。

2. 如果幼儿在游戏过程中偏离游戏路线或者踩到五色盘，则须返回起点重新开始。

温馨提示：

根据班级场地大小合理设置五色盘列数。

游戏名称：金字塔

锻炼动作： 走。

游戏目标：

1. 练习持物走的运动技巧。

2. 增强下肢力量，提升身体的协调性。

游戏重点： 指导幼儿在持物行走的过程中保持身体平衡，保证物体不掉落。

安全保护： 教师清空游戏场地，保证幼儿安全。

游戏材料： 泡沫砖、纸杯、桌子。

场地摆设：

1. 教师在起点放置泡沫砖和纸杯，将桌子放在终点，起点和终点相距3米（见图1-3-6）。

2. 增加难度：在起点和终点的中间场地放置1～2个障碍物（见图1-3-7）。

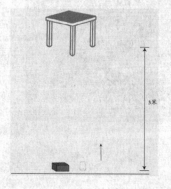

图1-3-6

图1-3-7

游戏玩法：

1. 幼儿单手托着泡沫砖，泡沫砖上放一个纸杯，从起点走到终点后，将纸杯放在桌子上。六名幼儿为一组，一起用纸杯摆成一个三层的金字塔造型。下一组的幼儿继续出发进行游戏（见图1-3-8、图1-3-9）。

图1-3-8　　　　　　　　　　　图1-3-9

2. 增加难度：幼儿双手托着泡沫砖，泡沫砖上面放一个纸杯，从起点出发，依次跨过障碍，到达终点，将纸杯放在桌子上，六名幼儿为一组，一起用纸杯摆成一个三层的金字塔造型。下一组的幼儿继续出发进行游戏（见图1-3-10、图1-3-11）。

图1-3-10　　　　　　　　　　图1-3-11

游戏规则：

1. 如果游戏过程中杯子掉落，幼儿须返回起点重新开始。
2. 小组合作搭成金字塔即游戏挑战成功。

温馨提示：

1. 可根据班级场地大小合理设置游戏组数。
2. 可利用班级现有道具设置障碍，增强游戏的趣味性和挑战性。

游戏名称：T台秀

锻炼动作：顶脚走。

游戏目标：

1. 练习窄道移动的动作技能，增强下肢力量，提升身体的平衡性。
2. 发展空间的感知能力和协调能力。

游戏重点：指导幼儿掌握窄道移动的动作技巧，使其逐步提升通过的速度。

安全保护：

1. 教师控制幼儿出发间隔，避免拥堵和相互碰撞。
2. 提示幼儿在过窄道时目视前方，保持身体平衡并快速通过。

游戏材料：泡沫面条：8根，连接器：4个，五色盘：若干。

场地摆放：

将两根泡沫面条连接成一根长泡沫面条，两根长泡沫面条为一组（两根长泡沫面条间距为一个成年人的脚长），共设置两组（见图1-3-12、图1-3-13）。

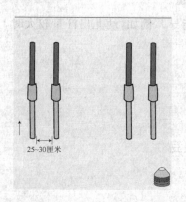

图1-3-12

图1-3-13

游戏玩法：

1. 幼儿依次从起点出发，在两根泡沫面条中间行走，走到终点后从左侧通道返回(见图 1-3-14)。

2. 增加难度:出发时,幼儿头上顶一个五色盘,幼儿可将双手打开保持平衡,走到终点后从左侧通道返回(见图 1-3-15)。

图 1-3-14　　　　　　　　　图 1-3-15

游戏规则:

1. 游戏中,若幼儿踩到泡沫面条或窄道之外,或出现五色盘掉落的情况,须返回起点重新开始游戏。

2. 每名幼儿出发 5~8 次即可。

温馨提示:

1. 可根据班级场地大小设置窄道长度和数量。

2. 观察幼儿的游戏状态,进行有针对性的指导。例如,幼儿出汗量较大时,提醒幼儿休息并及时饮水。

四、钻爬

游戏名称:蚂蚁搬豆

锻炼动作: 手膝爬。

游戏目标:

1. 巩固幼儿手膝爬的方法。

2. 提高幼儿四肢力量和身体灵活性。

游戏重点：幼儿手膝爬时,双手和双膝着地,手膝交替依次向前爬。

安全保护：

1. 游戏时,教师应提醒幼儿保持间距,防止发生碰撞。

2. 游戏时,女生禁止穿裙子,避免膝盖受伤。

游戏材料：泡沫面条：12 根,小椅子：6 把,跳跳球：同人数,雪糕杯：同人数。

场地摆放：

1. 教师将小椅子摆成两列,列宽 1 米,椅子间距 50 厘米,在椅子上放 1 根泡沫面条。

2. 在旁边空地放两列泡沫面条(3 根接在一起),间距 1 米,终点放置跳跳球(见图 1-4-1、图 1-4-2)。

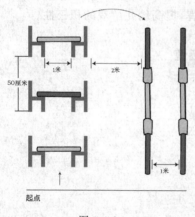

图 1-4-1

图 1-4-2

游戏玩法：

1. 幼儿从起点拿一个雪糕杯,手膝爬过小椅子和泡沫面条搭的洞,到达终点后把雪糕杯放在小椅子上(见图 1-4-3)。

2. 之后,幼儿在旁边的泡沫面条平行线手膝爬,用头把跳跳球顶回起点(见图 1-4-4)。

游戏规则：

1. 如果幼儿爬行时把泡沫面条弄掉了,须从起点重新游戏。

2. 幼儿按照要求依次在路线内完成爬行动作,每人完成 10 次后游戏结束。

图 1-4-3

图 1-4-4

温馨提示：

1. 教师要注意观察幼儿间距,发现幼儿距离过近时,要及时提醒和控制。

2. 游戏时,教师可为幼儿贴上小蚂蚁的胸牌,提高幼儿游戏的积极性。

游戏名称：火车隧道

锻炼动作： 正面钻爬和侧翻滚。

游戏目标：

1. 发展幼儿腰部肌肉力量。

2. 提高幼儿协调性和身体平衡能力。

游戏重点：

1. 幼儿正面钻爬时,双手手臂交替向前发力；双腿交替从两侧发力,带动身体向前移动。

2. 侧翻滚时,双手双脚伸直,用腰部力量带动身体向前翻滚。

安全保护：

1. 选用四角平稳的小椅子。

2. 游戏时,提醒幼儿注意保持间距,避免发生碰撞。

3. 钻爬时,提醒幼儿尽量不要让头碰到体操垫,防止体操垫掉下来挡住视线。

游戏材料：体操垫：12块，小椅子：12把。

场地摆放：

1. 教师将两把小椅子面对面摆成一组，间距50厘米，上面放体操垫，共放置3组，组间距约60厘米，搭成隧道（见图1-4-5）。

2. 在旁边空地首尾相连纵向摆放3块体操垫（见图1-4-6）。

3. 共摆放两组场地。

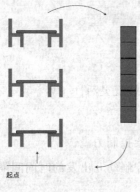

图1-4-5

图1-4-6

游戏玩法：

1. 将幼儿分为人数相同的两组，带到两块场地的起点。

2. 幼儿听见口令后依次出发，首先从椅子隧道中钻过去，然后横躺在体操垫上，侧翻滚回起点（见图1-4-7，图1-4-8）。

图1-4-7

图1-4-8

游戏规则：

1. 幼儿钻爬时，如果碰掉体操垫，须摆好体操垫后，从起点重新出发。

2. 幼儿侧翻滚时,如果滚出体操垫,须从终点重新游戏。

3. 同组幼儿全部完成游戏即为获胜方。

温馨提示：

1. 幼儿钻隧道时,教师要提醒幼儿不要抬头过高,以免碰掉体操垫。

2. 游戏时,如果幼儿前后间距太近,教师要及时提醒后面幼儿控制好距离。

<h3 style="text-align:center;">游戏名称：小蜘蛛</h3>

锻炼动作： 钻爬。

游戏目标：

1. 锻炼下肢肌肉的持久力,提高身体的协调性及灵活性。

2. 提升空间认知能力。

游戏重点： 幼儿钻爬时要手脚配合发力,学会控制力量。

安全保护： 幼儿钻爬过网洞时,教师要注意控制幼儿出发的时间间隔,避免前面幼儿的脚踢到后面幼儿的头。

游戏材料： 麻绳:1根(10米以上),燕尾夹:10个。

场地摆放：

1. 把燕尾夹夹在两边床的最高点,设置不规则的间距(见图1-4-9)。

2. 将麻绳分别系在两边的燕尾夹上,由若干网线组成一张大网(见图1-4-10)。

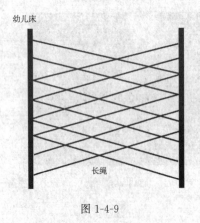

图 1-4-9　　　　　　　　图 1-4-10

游戏玩法：

1. 幼儿站在网的一端，当作起点。

2. 听见出发口令后，幼儿变成"小蜘蛛"从网的起点钻爬到终点（见图1-4-11、图1-4-12）。

图1-4-11　　　　　　　　　　图1-4-12

游戏规则：

1. 幼儿钻爬过网时，要控制身体避开网线；如果碰到网线，幼儿会被网"粘住"。

2. 幼儿鱼贯式出发，教师要控制幼儿出发的时间间隔，每名幼儿通过3～5次即可。

温馨提示：

1. 教师可以在网线上悬挂小铃铛或皱纹纸条等增加过网的难度和趣味性。

2. 游戏时，教师可播放节奏较活泼的音乐，烘托游戏气氛。

五、投掷

游戏名称：跳跳虎

锻炼动作： 投掷。

游戏目标：

1. 发展幼儿上下肢力量和腰腹肌肉力量。

2. 提升幼儿身体灵活性和协调性。

游戏重点：

1. 幼儿在投掷时注意方向和力度。

2. 幼儿夹着沙包跳回来时，注意不要把沙包掉在地上。

安全保护：

1. 投掷时，提醒幼儿注意脚下，避免踩空。

2. 取沙包时，提醒幼儿不要争抢，防止磕伤自己和同伴。

3. 幼儿夹着沙包回来时小心撞到其他幼儿。

游戏材料： 沙包：若干个，泡沫砖：10块，体操圈：10个。

场地摆放： 教师用泡沫砖围出一个大圆圈，直径约1.5米，在大圆圈内放置若干沙包；在每块泡沫砖外约3米处对应放置一个体操圈（见图1-5-1）。

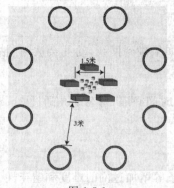

图1-5-1

图1-5-2

游戏玩法：

1. 幼儿手持沙包，双脚踩在泡沫砖上，将沙包抛投到外围的体操圈内（见图1-5-3）。

2. 投掷两次后，幼儿双脚跳过去捡回体操圈内的沙包，用双膝夹住两个沙包跳回来（见图1-5-4）。

游戏规则：

1. 听教师口令，幼儿统一行动。当教师说"投沙包"时，幼儿依次把沙包抛投到体操圈内。

2. 当教师说"取沙包"时,所有幼儿一起双脚跳过去,在体操圈内取两个沙包后用双膝夹住跳回来。

3. 投沙包时,如果幼儿没有投到体操圈内,可以再投一次。如果返回时夹着的沙包掉落,幼儿须停下来捡起沙包夹好后再出发。

图 1-5-3

图 1-5-4

温馨提示:

1. 游戏之前和幼儿讲清楚游戏规则,一定要听到游戏口令再出发。

2. 如果幼儿投掷体操圈的准度欠缺,可以根据幼儿实际水平调整体操圈的距离。

3. 游戏时,教师可为幼儿戴上跳跳虎的头饰,提高幼儿参与游戏的积极性。

游戏名称:百步穿杨

锻炼动作: 肩上投掷。

游戏目标:

1. 发展幼儿上肢力量和腰腹肌肉力量。

2. 提升幼儿手眼协调能力和身体的协调性。

游戏重点: 投掷前,教师提示幼儿两脚前后分开站在投掷线后约一步的距离,单手持球举过头顶,对准目标后将沙包掷出。

安全保护:

1. 沙包要尽可能柔软,若砸到幼儿身上对其无伤害。

2. 教师应提醒幼儿捡拾沙包时注意身边的同伴和桌子,小心碰撞。

游戏材料：沙包：若干，桌子：3张，小椅子：若干。

场地摆放：

1. 将桌子长边相接并排摆放在场地中间，在距桌子两侧3米远处各设置一条起点线(见图1-5-5、图1-5-6)。

图1-5-5　　　　　　　　　图1-5-6

2. 增加难度：将桌子短边相接并排摆放在场地中间，在距桌子两侧3米远处各设置一条起点线(见图1-5-7)。

3. 难度提升：将桌子短边相接并排摆放在场地中间，小椅子并排倒着放在桌子上，在距桌子两侧3米远处各设置一条起点线(见图1-5-8)。

图1-5-7　　　　　　　　　图1-5-8

游戏玩法：

1. 将幼儿分成两组，分别站在桌子两侧的起点处。幼儿人手一个沙包，听到开始口令后，单手肩上投掷，看看谁能将沙包投到桌子上，待幼儿都完成投掷后统一捡回自己的沙包。游戏可进行5～8次(见图1-5-9)。

2. 增加难度：将幼儿分成两组，分别站在桌子两侧的起点处。幼儿人手一个沙包，听到开始口令后，单手肩上投掷，看看谁能将沙包投到桌子上，待幼儿都完成投掷后统一捡回自己的沙包。游戏可进行5~8次（见图1-5-10）。

图 1-5-9　　　　　　　　　　　图 1-5-10

3. 难度提升：将幼儿分成两组，分别站在桌子两侧的起点处。幼儿人手一个沙包，听到开始口令后，单手肩上投掷，看看谁能将沙包投到小椅子上，待幼儿都完成投掷后统一捡回自己的沙包。游戏可进行5~8次（见图1-5-11）。

图 1-5-11

游戏规则：

1. 投掷沙包时，幼儿身体不可超过起点线，否则无效。
2. 每轮游戏结束后，教师可带领幼儿清点桌子上沙包的数量，鼓励幼儿掷远、掷准。

温馨提示：

1. 观察幼儿的游戏状态，进行有针对性的指导。例如，幼儿出汗量较大时，提醒幼儿休息并及时饮水。

2. 游戏结束后,教师提醒幼儿互相按摩放松胳膊、腿。

游戏名称：地球引力

锻炼动作：双脚连续跳、投掷。

游戏目标：

1. 练习双脚连续跳和单手肩上投掷的动作技巧,发展上肢和下肢力量。

2. 提高身体的协调性和灵活性。

游戏重点：指导幼儿投掷沙包时,注意用腰腹部带动手臂发力,并控制出手时间,确保在最高点将沙包投掷出去。

安全保护：提醒幼儿出发的时间,即前一名幼儿返回后,下一名幼儿才能出发,避免发生拥堵和相互碰撞。

游戏材料：长方体积木、沙包、草丛格挡、小猪玩偶。

场地摆放：

1. 将长方体积木以 30 厘米的间隔进行摆放,设置两条赛道(见图 1-5-12)。

2. 在赛道起点摆放沙包,在赛道终点摆放草丛格挡(见图 1-5-13)。

3. 在草丛前方 3 米处摆放玩偶小猪(见图 1-5-13)。

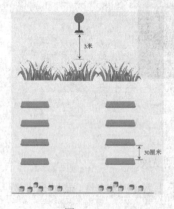

图 1-5-12

图 1-5-13

游戏玩法：

1. 幼儿分两组排列在起点处,游戏开始后取一个沙包,用双脚连续跳的方式跳过赛道,到达草丛线后将沙包向前方自由掷出,比比谁掷得远,然后从右侧通道跑回队尾,下一名幼儿出发(见图1-5-14、图1-5-15)。

图 1-5-14

图 1-5-15

2. 增加难度：幼儿分两组排列在起点处,游戏开始后取一个沙包,用双脚连续跳的方式跳过赛道,到达草丛线后将沙包投向前方小猪玩偶处,看看谁掷得准,然后从右侧通道跑回队尾,下一名幼儿出发(见图1-5-16、图1-5-17)。

图 1-5-16

图 1-5-17

游戏规则：

1. 投掷沙包时,幼儿不可超过起点线。
2. 第二轮游戏以是否掷准小猪玩偶为标准,判断幼儿成功与否。

温馨提示：

1. 可用其他游戏材料替换小猪玩偶,根据班级现有游戏材料创设游戏情境,增强游戏的趣味性。
2. 观察幼儿的游戏状态,进行有针对性的指导。例如,幼儿出汗量较大时,提醒幼儿休息并及时饮水。

游戏名称：小小投手

锻炼动作：单手滚球、下手投掷。

游戏目标：

1. 锻炼上肢肌肉力量和持久力。
2. 提高手眼协调能力及控制力。

游戏重点：游戏开始前，教师要指导幼儿掌握正确的投掷动作。投掷时，左脚在前、右脚在后，用右手投掷，也就是打保龄球的姿势，这样才能更好地控制力量。

安全保护：制作的纸球要尽可能光滑，纸球大小适合幼儿抓握。

游戏材料：纸球、长方体积木、椅子。

场地摆放：

1. 将长方体积木进行连接，把场地分隔出四条赛道，赛道之间间隔至少1米（见图1-5-18）。

2. 在赛道中摆放小椅子，两把一组，使其相对并放倒椅背，搭出门洞（见图1-5-19）。

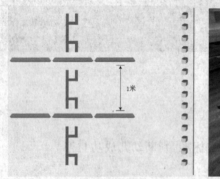
图1-5-18

图1-5-19

游戏玩法：

1. 幼儿两人一组面对面坐在赛道两头，打开双腿，一名幼儿手拿起纸球，通过单手滚球的方式将纸球滚到对面的幼儿处,对面幼儿拿到纸球再滚回去(见图1-5-20)。

2. 增加难度:教师将小椅子放在赛道中间,搭出门洞。幼儿两人一组面对面站在赛道两头,一名幼儿拿着纸球以打保龄球的方式下手投掷,使纸球穿过门洞滚到对面,对面幼儿拿到纸球再以同样的方式滚回去(见图1-5-21)。

图1-5-20

图1-5-21

游戏规则:

1. 游戏方式为下手投掷,须掌心向上将球送出,不能抛掷,否则挑战无效。
2. 每组幼儿完成6次游戏后,即可换下一组幼儿游戏。

温馨提示:

1. 可根据班级场地大小设置游戏组数,如参加游戏幼儿人数较多时,可利用富余空地组织其他游戏与之结合,减少幼儿等待时间。
2. 游戏结束后,幼儿间互相按摩,放松胳膊、腿。

六、视觉追踪类

游戏名称:寻找海洋球

锻炼动作: 视觉追踪。

游戏目标:

1. 在游戏中寻找对应颜色的海洋球,提高视觉追踪的能力。
2. 感受集体游戏的快乐,发展快速反应的能力。

游戏重点：能根据教师指令快速寻找目标物。

安全保护：

1. 教师合理分组，控制参与游戏的幼儿人数，避免发生拥堵和相互碰撞。

2. 游戏前清空场地，确保地面无杂物，并配置数量适宜的海洋球。

游戏材料：海洋球：若干，长颈鹿道具：1个，自制小草：10个。

场地摆放：

1. 幼儿自由站在场地内，教师随机向空中抛掷海洋球（见图1-6-1）。

2. 增加难度：将长颈鹿道具放在活动室的一侧，在与其间距1.5米处排列自制小草（见图1-6-2）。

图1-6-1　　　　　　　　　　图1-6-2

游戏玩法：

1. 幼儿根据教师的指令找到对应颜色的海洋球，将海洋球抛向空中，下对应颜色的海洋球雨（见图1-6-3、图1-6-4）。

图1-6-3　　　　　　　　　　图1-6-4

2. 增加难度：幼儿根据教师的指令找到对应颜色的海洋球，然后站在小草后面将海洋球投向长颈鹿道具，给长颈鹿道具"喂食"（见图 1-6-5、图 1-6-6）。

图 1-6-5

图 1-6-6

游戏规则：

1. 游戏时，幼儿须根据教师指令找到对应颜色的海洋球，并可比比谁找得多。

2. 投掷时，幼儿不可超过起点线，待投掷完所有海洋球后才能进入游戏场地捡回海洋球，然后进行下一轮游戏。

温馨提示：

1. 教师应根据实际情况和场地大小进行游戏分组。

2. 观察幼儿的游戏状态，进行有针对性的指导。

3. 如果幼儿出汗量较大，教师应提醒幼儿休息并及时饮水。

游戏名称：纸飞机

锻炼动作： 视觉追踪。

游戏目标：

1. 在视觉追踪游戏中，能集中注意力和注意力转换。

2. 提高注意力及预防近视。

游戏重点：

1. 在游戏过程中，教师应提醒幼儿保持头部不动，用眼睛去追踪物体。

2. 能迅速地按照指令完成注视转换。

安全保护： 提醒幼儿坐好，身体不要随着视觉的移动而用力摇晃。

游戏材料：A4大小的白纸5张、红纸2张、黄纸2张、蓝纸2张。

场地摆放：

1. 教师组织幼儿把所有的纸折成纸飞机（见图1-6-7、图1-6-8）。
2. 幼儿坐到教室的一端。

图1-6-7

图1-6-8

游戏玩法：教师拿着纸飞机站在幼儿的身后，依次将飞机飞出，幼儿用眼睛寻找飞机的降落地点（见图1-6-9、图1-6-10）。

图1-6-9

图1-6-10

游戏规则：

1. 教师将纸飞机一只一只飞出，每次飞机飞出后，请幼儿寻找降落点。

2. 教师将两只不同颜色飞机一起飞出,提前告诉幼儿寻找其中一种颜色飞机的降落点。

温馨提示:教师可根据幼儿的游戏情况增加飞出飞机的颜色,让幼儿寻找降落点。

游戏名称:追光动画

锻炼动作:视觉追踪。

游戏目标:

1. 在视觉追踪的游戏中,能集中注意力和注意力转换。
2. 提高注意力和快速反应能力。

游戏重点:在游戏过程中,教师应提醒幼儿保持头部不动,用眼睛去追踪物体。

安全保护:

1. 提醒幼儿坐好,身体不要随着视觉的移动而用力摇晃。
2. 在较黑暗的环境中,关注幼儿的情绪,提醒幼儿无须紧张或过度兴奋。

游戏材料:手电筒。

场地摆放:

1. 教师请幼儿坐到教室一端,面对空白墙面。(见图 1-6-11、图 1-6-12)
2. 将教室的窗帘关闭,营造比较黑暗的游戏环境。

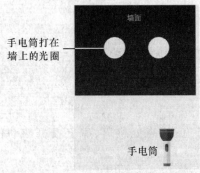

图 1-6-11   图 1-6-12

游戏玩法:教师拿着手电筒,将光束投在空白的墙面上(见图 1-6-13、图 1-6-14)。

图 1-6-13　　　　　　　　　　　图 1-6-14

游戏规则：教师上、下、左、右移动光源，幼儿保持头部不动，用眼睛追随光束。

温馨提示：

1. 教师可以适当增加光束的移动速度，增加游戏的趣味性。

2. 教师也可以关闭手电筒电源几秒后再打开电源，缓解幼儿眼部疲劳。

七、综合类

游戏名称：超鼠特工队

锻炼动作：钻爬、平衡、跳、投掷。

游戏目标：

1. 发展手膝爬的技能，提高身体的灵活性和协调性。

2. 练习从高处向下跳的动作，学会从高处跳落的自我保护方法。

3. 提高上肢力量和手眼协调能力。

游戏重点：掌握手膝着地爬、平衡过窄道、从高处跳落、肩上投掷的动作技巧。

安全保护：

1. 教师控制幼儿出发间隔，避免拥堵和相互碰撞。

2. 提示幼儿在通过椅子摆成的平衡桥时，踩在椅面的中间，不要踩在两把椅子的连接处。

3. 指导幼儿从沙发上向下跳时,脚尖着地、适度屈膝,培养自我保护的意识和能力。

游戏材料：体操垫：6块,桌子：3张,纸砖：20块,椅子：20把,小沙发：2个,垫布一块,纸球：30个。

场地摆放：

1. 钻爬区：用体操垫靠着床摆出长4米的三角隧道,在体操垫外侧摆放桌子,桌子间间隔20厘米(见图1-7-1、图1-7-2)。

2. 平衡区：首尾相接摆放纸砖20块,将椅子依次连接摆出平衡桥(见图1-7-1、图1-7-2)。

3. 跳跃区：在小沙发前放置体操垫,摆出从高处向下跳的跳跃区(见图1-7-1、图1-7-3)。

4. 投掷区：用一个玩具柜当作投掷线,将投掷用的纸球放在小筐里(见图1-7-1、图1-7-4)。

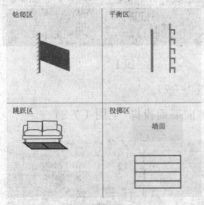

图1-7-1

图1-7-2

游戏玩法：

1. 钻爬区：幼儿手膝着地爬过三角隧道,然后从桌子上面爬过(见图1-7-5)。

2. 平衡区：幼儿走过纸砖摆成的平衡桥,走时可张开手臂以保持平衡(见图1-7-6)。

图 1-7-3　　　　　　　　　　　　图 1-7-4

图 1-7-5　　　　　　　　　　　　图 1-7-6

3. 跳跃区：幼儿站在沙发上向下跳(见图1-7-7)。

4. 投掷区：幼儿取出放在小筐里的纸球,向墙面投掷(见图1-7-8)。

图 1-7-7　　　　　　　　　　　　图 1-7-8

游戏规则： 幼儿听教师指令，从起点依次出发，四个区域的游戏结束即为挑战成功。

温馨提示：

1. 在小沙发上铺一块垫布以保持沙发清洁（沙发和小椅子比较宽大、稳固，幼儿从上向下跳时会更从容）。

2. 观察幼儿的游戏状态，进行有针对性的指导。例如，幼儿出汗量较大时，提醒幼儿休息并及时饮水。

3. 游戏结束后，幼儿间互相按摩放松胳膊、腿。

游戏名称：虫子特工队

锻炼动作： 手膝着地爬、平衡、跳、投掷。

游戏目标：

1. 发展幼儿钻爬及平衡能力。

2. 增强幼儿上肢肌肉及腰腹力量。

3. 提升幼儿身体的协调性和灵活性。

游戏重点： 掌握手膝着地爬、平衡过窄道、肩上投掷的动作技巧。

安全保护：

1. 教师控制幼儿出发间隔，避免发生拥堵和相互碰撞。

2. 提示幼儿在通过椅子摆成的平衡桥时，踩在椅面的中间，不要踩在两把椅子的连接处。

游戏材料： 桌子：4张，椅子：20把，纸球：30个。

场地摆放：

1. 爬行区（利用墙面悬挂的"帮毛毛虫穿鞋"玩具）：在距离"毛毛虫"1米处将2张桌子短边相接形成1组爬行区，共摆放2组（见图1-7-9、图1-7-10）。

2. 平衡区：利用小椅子首尾相接摆出平衡桥（见图1-7-9、图1-7-11）。

3. 投掷区：用绳子把窗帘系起来，形成一个网兜。投掷结束后，请一名幼儿用纸棍将网兜里的纸球捅出来（见图1-7-9、图1-7-12）。

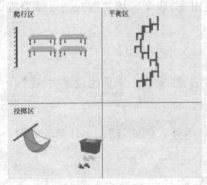
图 1-7-9

图 1-7-10

图 1-7-11

图 1-7-12

游戏玩法：

1. 爬行区：幼儿手膝着地从桌子的上面或下面爬过去，帮助"毛毛虫穿鞋"（见图 1-7-13、图 1-7-14）。

2. 平衡区：幼儿走过平衡桥，走时可张开双臂以保持身体平衡（见图 1-7-15）。

3. 投掷区：幼儿站在投掷点，把纸球投掷到窗帘兜里（见图 1-7-16）。

第二章 室内体育游戏活动案例

图 1-7-13

图 1-7-14

图 1-7-15

图 1-7-16

游戏规则：幼儿听教师指令，从起点依次出发，三个区域的游戏结束即为挑战成功。

温馨提示：

1. 根据班级环境特点，利用墙面现成的玩具（可以是给小衣服系扣子、拉拉链等）创设情境与游戏结合。

2. 观察幼儿的游戏状态，进行有针对性的指导。例如，幼儿出汗量较大时，提醒幼儿休息并及时饮水。

3. 游戏结束后，幼儿间互相按摩放松胳膊、腿。

游戏名称：闯关总动员

锻炼动作：钻爬、平衡、投掷。

游戏目标：

1. 发展幼儿身体的平衡性及协调性，提升钻爬的动作技巧。

2. 提高上肢力量和手眼协调能力。

游戏重点： 掌握手膝着地和手脚着地爬、平衡过窄道、肩上投掷的动作技巧。

安全保护：

1. 教师控制幼儿出发间隔，避免发生拥堵和相互碰撞。

2. 提示幼儿从桌子的右边且屁股朝外倒爬下来，避免和桌子下面爬行入口处的幼儿发生碰撞。

3. 提示幼儿在通过椅子摆成的平衡桥时，踩在椅面的中间，不要踩在两把椅子的连接处；从椅子上向下跳时，注意身边的同伴和环境，培养自我保护的意识和能力。

游戏材料： 体操垫：2 块，积木砖：10 块，桌子：4 张，椅子：20 把，小纸球：30 个。

场地摆放：

1. 钻爬区：将 2 块体操垫相隔 4 米摆放在地上，体操垫之间用积木砖拼出一条连接线；将 4 张桌子首尾相接摆好（见图 1-7-17、图 1-7-18）。

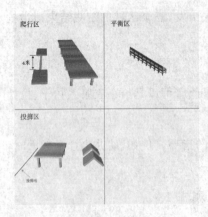

图 1-7-17

图 1-7-18

2. 平衡区：将椅子依次连接摆放（见图 1-7-17、图 1-7-19）。

3. 投掷区：用一张桌子当作投掷线，将纸球放在桌子上（见图 1-7-17、图 1-7-20）。

图 1-7-19

图 1-7-20

游戏玩法：

1. 钻爬区：幼儿手膝着地爬过体操垫，手脚着地爬过积木砖（身体不可以碰触积木砖），接着幼儿手膝着地从桌子的下方爬过去，再从上方爬回来（见图 1-7-21、图 1-7-22）。

图 1-7-21

图 1-7-22

2. 平衡区：幼儿走过椅子拼成的平衡桥，到达最后一个椅子时双脚往下跳（见图 1-7-23、图 1-7-24）。

图 1-7-23

图 1-7-24

3. 投掷区：幼儿拿起放在桌子上的纸团，投掷到体操垫拼出的正方体上。（见图1-7-25、图1-7-26）。

图1-7-25

图1-7-26

游戏规则：幼儿听教师指令，从起点依次出发，三个区域的游戏结束即为挑战成功。

温馨提示：

1. 利用某个区域（如图书区），摆上玩具架形成相对封闭的空间，幼儿可以往里面投掷。

2. 观察幼儿的游戏状态，进行有针对性的指导。例如，幼儿出汗量较大时，提醒幼儿休息并及时饮水。

3. 游戏结束后，幼儿间互相按摩放松胳膊、腿。

第二节 中班室内体育游戏活动

一、平衡类

游戏名称：移动排雷

锻炼动作：平衡、快跑急停。

游戏目标：

1. 锻炼幼儿反应能力。

2. 提升幼儿手眼协调性及身体灵敏性。

游戏重点： 幼儿快跑急停时须控制好自己的身体。

安全保护：

1. 出发时，提醒幼儿跑在自己的跑道上，避免发生碰撞。

2. 提示幼儿快跑急停时控制好自己的身体，不要被游戏道具绊倒。

游戏材料： 泡沫砖：12个，雪糕杯：12个，五色盘：12个。

场地摆放：

1. 将幼儿分为四组，教师在第一组和第三组距起点1米处分别放置6个泡沫砖，每个泡沫砖间隔1米（见图2-1-1、图2-2-2）。

2. 教师在第二组和第四组距起点1米处分别放置6个五色盘和6个雪糕杯（1个五色盘和1个雪糕杯为一对），每对间隔1米（见图2-1-1、图2-2-2）。

3. 四组游戏道具按A-B-A-B模式摆放。

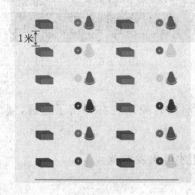

图2-1-1

图2-1-2

游戏玩法：

1. 教师将幼儿分成四组，每组派一名幼儿同时出发（见图2-1-3）。

2. 第一组和第三组幼儿将每个泡沫砖立起来，返回时再将物品还原。第二组和第四组幼儿将雪糕杯放到五色盘上，返回时将物品还原（见图2-1-4）。

3. 增加难度：教师将四组幼儿合并为两组，每组派一名幼儿同时出发，用最快速度先把泡沫砖立起,返回时把雪糕杯放到五色盘上面直到终点。下一名幼儿再将物品还原,依次循环,直到最后一名幼儿游戏结束(见图2-1-5、图2-1-6)。

图2-1-3　　　　　　　　　　　图2-1-4

图2-1-5　　　　　　　　　　　图2-1-6

游戏规则:

1. 游戏时,如果幼儿因身体控制不好而把泡沫砖或雪糕杯踢出了跑道,须还原后再继续游戏。

2. 幼儿返回后,与排头幼儿击掌,排头幼儿才可出发游戏。

温馨提示:

1. 教师应控制幼儿出发的时间间隔,可以一名幼儿完成,下一名幼儿再出发;也可以在间隔两块泡沫砖的距离后,请下一名幼儿出发,减少等待时间。

2. 游戏时,教师可用语言提示幼儿在快跑急停时注意控制好自己的身体。

游戏名称:双龙出海

锻炼动作: 坐位体前屈。

游戏目标：

1. 发展幼儿肩部和下肢柔韧性。

2. 增强幼儿的腰腹肌肉力量。

3. 提高幼儿的身体协调性和灵敏性。

游戏重点：

1. 幼儿向后传球时双臂伸直向后压。

2. 幼儿双脚夹球时要控制好力气，注意用腰腹部发力带动双脚用力。

安全保护： 双脚夹球时提醒幼儿传球时坐稳，双手背后握好椅背，固定身体，以免滑落。

游戏材料： 鳄鱼球：6个，椅子：10把。

场地摆放：

1. 将椅子排成两竖排，每排5把椅子，椅子间前后间隔20厘米（见图2-1-7、图2-1-8）。

图 2-1-7　　　　　　　　　　　　　图 2-1-8

2. 将8把椅子摆成一个圆圈，每把椅子左右间隔30厘米（见图2-1-9、图2-1-10）。

游戏玩法：

1. 幼儿坐在椅子上，教师给第一名幼儿发一个鳄鱼球，幼儿双手拿球举过头顶向后传给后面的幼儿。最快将鳄鱼球传到最后一名幼儿手上的一组获胜。接下来，教师给每组发3个鳄鱼球，将球一个接一个地往后传，最快传完的小组为胜（见图2-1-11）。

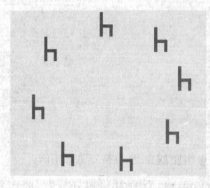 

图 2-1-9　　　　　　　　　图 2-1-10

图 2-1-11

2. 教师将椅子摆成一个圆圈,每把椅子间隔 30 厘米,幼儿坐到椅子上,教师给其中一名幼儿发一个鳄鱼球,该名幼儿用脚夹住球开始逆时针传球;传球幼儿夹起球后,把球放在下一名幼儿的脚前,依次传球。游戏进行两遍,顺时针方向和逆时针方向各一遍(见图 2-1-12)。

3. 增加难度:幼儿用脚夹球传递,当球传给下一名幼儿时,下一名幼儿用脚接住传来的球。传球时,幼儿不能用手碰球,也不能使其落地。游戏进行两遍,顺时针方向和逆时针方向各一遍(见图 2-1-13、图 2-1-14)。

图 2-1-12

图 2-1-13

图 2-1-14

游戏规则：

1. 从头上传球时，如果球掉落，须从第一名幼儿开始重新传球。

2. 用脚夹球传球时，幼儿不能用手碰球，球掉落后须从第一名幼儿开始重新游戏。

3. 两组幼儿比赛传球，最快将球传到最后一名幼儿的小组获胜。

温馨提示：

1. 如果温度适宜，可以让幼儿脱掉鞋进行游戏，以刺激触觉。

2. 幼儿可按照教师指令自己摆放椅子，营造自主游戏的氛围。

游戏名称：旋转舞会

锻炼动作： 原地转圈。

游戏目标：练习原地转圈的动作，提高身体的平衡能力。

游戏重点：指导幼儿旋转时双臂侧平举，帮助保持身体平衡。

安全保护：

1. 游戏时，教师提醒幼儿转圈时速度不要太快，避免摔倒。

2. 教师要提醒幼儿：如果头晕或身体不稳时，应立刻停止游戏，在原地慢慢蹲下休息，待不适症状消失。

游戏材料：体操圈：9个（3种颜色）。

场地摆放：

1. 将体操圈摆成3纵列，列与列间隔1.5米（见图2-1-15、图2-1-16）。

2. 每列摆放3个体操圈（颜色间隔开），圈与圈间隔2米（见图2-1-15、图2-1-16）。

图2-1-15　　　　　　　　　　图2-1-16

游戏玩法：

1. 每个体操圈里站一名幼儿（见图2-1-17）。

2. 用音响播放《蓝色多瑙河圆舞曲》，音乐响起后，幼儿跟着音乐转动起来。

3. 听到教师大声地喊"红色（体操圈中的一种颜色）转起来"，站在红色体操圈里的幼儿继续转动，站在其他颜色体操圈里的幼儿慢慢蹲下来。教师接着喊"绿色转起来"，蹲在绿色体操圈里的幼儿起立转动起来，站在其他两种颜色体操圈里的幼儿慢慢蹲下（见图2-1-18）。

图 2-1-17　　　　　　　　　　　图 2-1-18

游戏规则：幼儿根据教师指令进行游戏,教师要确保每种颜色体操圈里的幼儿转动 3 次以上。

温馨提示：

1. 教师变换不同颜色的指令时,不要让幼儿找到变换规律；教师也可以请其他幼儿来当小指挥家。

2. 教师可根据班级场地的大小合理设置体操圈的数量。

三、柔韧类

游戏名称：旋转传球

锻炼动作：坐位体前屈。

游戏目标：

1. 发展幼儿下肢柔韧性。

2. 增强幼儿下肢及腰腹肌肉力量。

3. 提高幼儿身体控制能力及下肢灵敏性。

游戏重点：

1. 幼儿用双脚夹球时,膝关节不得弯曲,双腿保持伸直状态。

2. 游戏时,幼儿需要控制好力气,要求用腹部发力带动双脚夹球。

安全保障：

1. 提醒幼儿不要从小椅子上掉下来，小心摔伤。

2. 传鳄鱼球时，提醒幼儿身体不要前倾，避免摔倒。

游戏材料： 鳄鱼球：5个，小椅子：同人数。

场地摆放：

1. 教师用小椅子摆出一个圆圈，每把小椅子间隔40厘米（见图2-2-1、图2-2-2）。

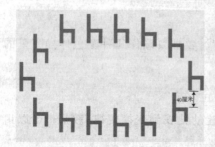

图 2-2-1　　　　　　　　　　　图 2-2-2

游戏玩法：

1. 教师让幼儿坐在椅子上，选一名幼儿当作起点，将鳄鱼球交给起点的幼儿。

2. 幼儿用双脚夹住鳄鱼球，将鳄鱼球逆时针方向传给下一名幼儿，以此类推，直到鳄鱼球传回起点幼儿处（见图2-2-3）。

3. 增加难度①：教师将鳄鱼球从1个增加至2个或者3个，传球方向由教师指定，在传递游戏过程中教师可以随时变换方向（见图2-2-4）。

图 2-2-3　　　　　　　　　　　图 2-2-4

4. 增加难度②：要求幼儿用双手和双脚同时传球，教师可以发布指令任意变换传球方向（见图 2-2-5）。

图 2-2-5

游戏规则：

1. 幼儿双脚夹球时，膝关节不得弯曲，脚不能碰到地面，双腿保持伸直状态。

2. 在传球过程中，如果球落地，幼儿须用脚将球夹回重新游戏。

3. 幼儿双手和双脚同时传球时，如果身体任意一个部位使球落地，幼儿都要捡回球重新游戏。

温馨提示：

1. 游戏时，教师应提示幼儿坐稳，双手把住椅子两旁，身体后倾。

2. 增加游戏难度后，教师可以任意变换传球方向，但要把握好变换时间（一轮游戏后为宜，不宜游戏中变换方向）。

3. 若温度适宜，幼儿可以脱掉鞋进行游戏，以刺激触觉。

游戏名称：塔吊竞赛

锻炼动作： 坐位体前屈。

游戏目标：

1. 增强幼儿柔韧性。

2. 锻炼幼儿腰腹肌肉力量。

3. 提升幼儿身体灵活性、协调性和空间认知能力。

游戏重点：

1. 教师应注意幼儿躺在桌子下方的位置，幼儿的肚脐应和桌边在一条直线上，这样幼儿才能把软飞盘放到桌面上。

2. 幼儿双脚夹住软飞盘时，手放身体两侧，手心向下，贴在地面，双腿伸直用力。

安全保护： 教师应提示放飞盘的幼儿注意躲闪躺着的幼儿放下来的腿，避免碰伤。

游戏材料： 桌子：2个，软飞盘：16个。

场地摆放：

1. 教师将两张桌子合并放好。

2. 教师在桌子的四个方向分别摆放4个软飞盘，软飞盘放置在躺着的幼儿脚前（见图2-2-6、图2-2-7）。

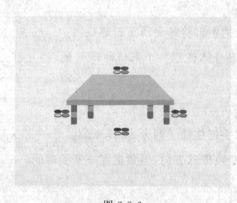

图2-2-6　　　　　　　　图2-2-7

游戏玩法：

1. 教师将8名幼儿分成四组，每组派1名幼儿站在桌子旁边，另外4名幼儿躺在桌子四个方向的下方。

2. 教师发出指令后，站在桌子旁的幼儿将飞盘放到躺着的幼儿双脚之间（见图2-2-8）。

3. 躺着的幼儿腰腹用力带动双腿将飞盘放到桌子上（动作要领：手放身体

两侧,手心向下,贴在地面,双腿伸直用力)(见图2-2-9)。

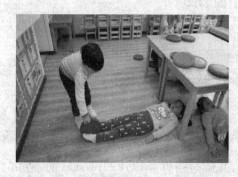

图 2-2-8　　　　　　　　　　　图 2-2-9

4. 每名幼儿放 4 个软飞盘到桌子上,比一比哪组最先放完(见图 2-2-10)。

图 2-2-10

游戏规则:

1. 幼儿用腿夹软飞盘时,如果软飞盘落地,须重新开始游戏。

2. 拿软飞盘的幼儿将飞盘放在躺着的幼儿双脚之间,躺着的幼儿腰腹用力带动双腿将飞盘放到桌子上,比一比哪组最先将 4 个软飞盘放完。然后,2 名幼儿交换位置,再比一次,完成后换下一组幼儿,当所有幼儿完成游戏后,比赛结束。

温馨提示:

1. 教师提醒幼儿从桌下出来时小心碰头。

2. 若温度适宜,幼儿可以脱掉鞋进行游戏,增加游戏趣味性。

游戏名称：圈套脚

锻炼动作：坐位腿拉伸。

游戏目标：

1. 发展幼儿的下肢柔韧性。

2. 增强幼儿的腰腹力量和协调性。

游戏重点：游戏时，幼儿要保持一条腿伸直、一条腿弯曲的坐姿，尽量不动。

安全保护：游戏前，教师可以组织幼儿做一些腿部拉伸的准备活动，防止受伤。

游戏材料：纸圈（报纸卷成）若干，瑜伽垫每人1块。

场地摆放：纵向摆放两张瑜伽垫，瑜伽垫短边相接并对齐。每张瑜伽垫右侧放置数量相等的3~5个纸圈（见图2-2-11、图2-2-12）。

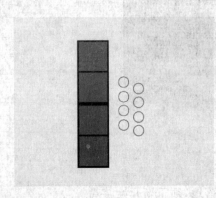

图 2-2-11

图 2-2-12

游戏玩法：

1. 单人玩法：幼儿一条腿伸直、一条腿弯曲地坐在瑜伽垫上，两腿夹角不小于90度。游戏开始后，幼儿将瑜伽垫旁边的纸圈依次拿起并套到直腿的脚上（见图2-2-13）。

2. 双人玩法：两名幼儿面对面坐在瑜伽垫上（坐姿同单人玩法），两人的脚尖方向相对，间隔约10厘米。游戏开始后，幼儿将自己瑜伽垫旁边的纸圈套到对面幼儿直腿的脚上（见图2-2-14）。

图 2-2-13　　　　　　　　图 2-2-14

游戏规则：

1. 单人玩法：教师发口令，同时开始，先把所有圈都套在自己脚上的幼儿获胜。

2. 双人玩法：教师发口令，同时开始，先把所有圈都套在对方脚上的幼儿获胜。

3. 套圈时，幼儿要保持屈腿不能移动，直腿不能弯曲。如果发生移动或弯曲，则需要重新套圈。

温馨提示：

1. 教师可根据幼儿体能的实际情况，增加或减少幼儿面对面套圈的距离。

2. 若此游戏使用场地面积较小，可利用楼道和阳台的空间进行。

游戏名称：送军粮

锻炼动作： 坐位体前屈。

游戏目标：

1. 发展幼儿下肢的柔韧性。

2. 增强幼儿下肢力量及腰腹肌肉力量。

3. 提高幼儿下肢灵敏度及身体控制能力。

游戏重点：

1. 幼儿坐在小椅子上时，教师提醒幼儿双腿不能碰到地面。

2. 游戏时，幼儿要注意用腰腹发力带动双脚用力。

安全保障：

1. 提醒幼儿在小椅子上坐稳以防摔倒。

2. 换下一名幼儿时，双腿低一点，慢慢转动将游戏道具传给后面幼儿，防止腿部相互碰到。

游戏材料： 泡沫砖：6块，鳄鱼球：6个，软飞盘：6个，小椅子：比人数多2把。

场地摆放：

1. 教师将小椅子摆成2列，每列6把小椅子（见图2-2-15）。

2. 小椅子之间相距1米，在每列终点多摆一把小椅子（见图2-2-16）。

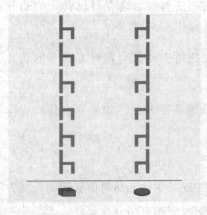

图 2-2-15

图 2-2-16

游戏玩法：

1. 幼儿坐在小椅子上，用双脚夹住软飞盘，转动身体传给后面的幼儿（见图2-2-17）。

2. 后面幼儿接过飞盘后传给下一名幼儿，以此类推，当飞盘被传递到终点的小椅子上时，游戏结束（见图2-2-18）。

3. 游戏道具的使用要从易到难，软飞盘—泡沫砖—鳄鱼球（见图2-2-19）。

4. 幼儿熟悉这些游戏道具后，可增加难度，由一组幼儿夹一种游戏道具进阶到连续夹三种游戏道具。第一名幼儿传递完软飞盘后转身,从地上用腿夹起泡沫砖传给后面的幼儿,之后再夹起鳄鱼球向后传递,直到最后一名幼儿将这三种游戏道具都传递到终点,游戏结束(见图2-2-20)。

图 2-2-17

图 2-2-18

图 2-2-19

图 2-2-20

游戏规则:

1. 幼儿屁股不能离开小椅子,不能用手帮忙。

2. 在传递过程中,如果游戏道具落地,幼儿身体要转向前方重新夹起游戏道具进行游戏。

3. 两组比赛时,最先将游戏道具传递到终点的一组获胜。

温馨提示:

1. 若温度适宜,幼儿可以脱掉鞋进行游戏,以刺激触觉。

2. 游戏增加难度时,教师须考虑幼儿的实际发展水平及幼儿对游戏道具的熟悉程度,否则会挫伤幼儿的自信心,打击幼儿游戏的积极性。

三、走

游戏名称:"刀山火海"

锻炼动作: 高抬腿走。

游戏目标:

1. 发展幼儿高抬腿走的运动技能,增强幼儿的下肢力量。

2. 提高幼儿的身体协调性和平衡能力。

游戏重点:

1. 幼儿高抬腿时须控制两腿节奏,腿抬起时尽量与腰平行。

2. 在游戏行进中用接力棒量化抬腿的高度。

安全保护:

1. 下肢运动偏多的游戏要求幼儿换上运动鞋。

2. 三组幼儿同时进行游戏时,引导幼儿避让对面行进的幼儿。

游戏材料: 五色盘:若干,接力棒:3个,彩色即时贴。

场地摆放:

1. 用彩色即时贴在教室两侧分别粘好起始线和终点线(见图2-3-1、图2-3-2)。

2. 在终点线后面分散摆放五色盘(见图2-3-1、图2-3-2)。

游戏玩法:

1. 教师将幼儿分成三组,每组派一名幼儿从起点出发,高抬腿走,走到终点拿起一个五色盘返回起点后放下,下一名幼儿出发游戏(见图2-3-3、图2-3-4)。

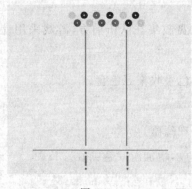 

图 2-3-1　　　　　　　　　　　　图 2-3-2

图 2-3-3　　　　　　　　　　　　图 2-3-4

2. 教师给每组第一名幼儿发一根接力棒,让幼儿将接力棒放在小腹处。接力棒平行于地面,幼儿高抬腿走时,每走一步,腿尽量碰到接力棒。到终点后,该名幼儿拿起一个五色盘返回起点并将接力棒交给排头幼儿,排头幼儿开始游戏(见图 2-3-5)。

图 2-3-5

游戏规则：

1. 幼儿拿着五色盘返回起点后，将五色盘收集在队伍前方，游戏采用计时方式，在一定时间内拿得最多的组为胜。

2. 游戏中，幼儿要按照本组接力棒的颜色去收集五色盘。

温馨提示：

1. 清除室内杂物，以免幼儿在活动中出现磕碰。

2. 摆放五色盘时，可让幼儿自行凌乱摆放，增加游戏趣味性。

游戏名称：小鸭子赛跑

锻炼动作： 蹲走。

游戏目标：

1. 练习蹲走的运动技巧，增加下肢肌肉的持久力。

2. 提升身体的协调性和灵活性。

游戏重点： 指导幼儿蹲着走的时候，要使其学会用摆动胳膊来带动身体向前位移。

安全保护：

1. 教师要提醒幼儿：蹲着走的时候，速度不要太快，避免身体向前倾倒。

2. 游戏开始前，教师应带着幼儿做准备活动，如活动踝关节。

游戏材料： 拼插小玩具 80 颗，小筐 4 个。

场地摆放：

1. 起点摆放 2 个小筐，每个小筐里放 40 颗拼插小玩具（见图 2-3-6）。

2. 终点摆放 2 个空的小筐（见图 2-3-7）。

游戏玩法：

1. 将幼儿分成人数相等的两组，分别排在起点处。

2. 幼儿从起点拿起一颗拼插小玩具出发，蹲着走到终点放进小筐里，然后分别从小筐两侧用手膝着地的方式爬回起点（见图 2-3-8、图 2-3-9）。

游戏规则：

1. 第一名幼儿出发了大概 2 米时，下一名幼儿即可出发。

2. 幼儿鱼贯式出发比赛,比一比哪组幼儿最先将筐内的拼插小玩具全部送到终点(可采用三局两胜制)。

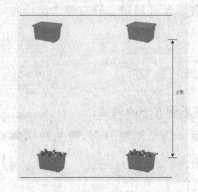

图 2-3-6

图 2-3-7

图 2-3-8

图 2-3-9

温馨提示:

1. 建议选用长方形场地,便于游戏的开展。
2. 游戏时可播放节奏较活泼音乐,烘托游戏气氛。
3. 教师应关注动作较慢的幼儿,及时给予鼓励;控制幼儿游戏时间。

游戏名称:"书山"挑战赛

锻炼动作: 跨障碍走。

游戏目标:

1. 训练单脚跨步的能力,增强下肢力量。

2. 提高身体的平衡性和协调性。

游戏重点：

1. 幼儿在跨过障碍时是单脚支撑，教师可提示幼儿通过张开双臂来保持身体平衡。

2. 使幼儿掌握跨过障碍移动的节奏。

安全保护：

1. 游戏过程中，教师提醒幼儿，眼睛要看着正前方的障碍物。

2. 如果幼儿行进速度越来越快，教师应提示幼儿控制节奏，避免绊到障碍物。

游戏材料： 硬皮图画书：20本，小玩具：若干。

场地摆放： 教师顺着活动场地将图画书依次立起来，图画书之间间隔30厘米，"书山"呈S形（见图2-3-10、图2-3-11）。

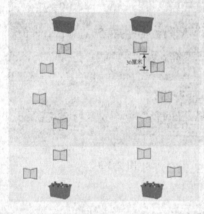

图 2-3-10

图 2-3-11

游戏玩法：

1. 幼儿在起点处排成一列。

2. 幼儿从起点拿起1个小玩具出发，依次迈过立起来的图画书走到终点，将小玩具放到指定位置，再从"书山"两侧轻轻走回起点（见图2-3-12、图2-3-13）。

游戏规则：

1. 幼儿鱼贯式出发，将起点的小玩具运送到终点。

2. 每名幼儿每次拿1个小玩具，每人出发5～8次即可。

图 2-3-12　　　　　　　　　　图 2-3-13

温馨提示：

1. 建议选用长方形场地，便于游戏的开展。

2. 教师可以充分发挥想象，摆出更多的出发线路让幼儿挑战。

3. 游戏时可播放节奏较活泼音乐，如《巡逻兵进行曲》，烘托游戏气氛。

四、钻爬

游戏名称：大方块运粮食

锻炼动作： 后蹬跑。

游戏目标：

1. 锻炼幼儿下肢肌肉力量。

2. 提升肌肉的爆发力、灵活性和协调性。

游戏重点： 幼儿双手推着体操垫，双臂伸直用力，双腿半屈，抬头看前方。此时，后背和胳膊呈一条线。

安全保护：

1. 教师注意地面的光洁度，不能有障碍物。

2. 女生禁止穿裙子参加游戏。

游戏材料： 体操垫：4块，软飞盘：20个，雪糕杯：20个，小椅子：4把。

场地摆放：

1. 教师摆放 4 块体操垫当作起点，在与其相距 4～6 米处对应摆放 4 把小椅子当作终点。

2. 将软飞盘、雪糕杯分成相等的 4 份，放在起点（见图 2-4-1、图 2-4-2）。

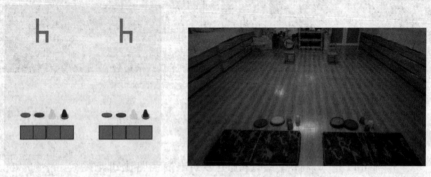

图 2-4-1　　　　　　　　　　　图 2-4-2

游戏玩法：

1. 教师将幼儿分成人数相等的 4 组，4 组幼儿分别站在起点。

2. 每组起点的幼儿拿起软飞盘或者雪糕杯将其放在体操垫上，然后将体操垫推到终点（见图 2-4-3）。

3. 幼儿将体操垫推到终点后，将软飞盘放到小椅子上，然后推着空体操垫返回起点传给下一名幼儿，自己则站到队尾。

4. 增加难度：两个幼儿同时推动体操垫运输软飞盘（见图 2-4-4）。

图 2-4-3　　　　　　　　　　　图 2-4-4

游戏规则：

1. 幼儿双手推体操垫时，要求双臂伸直用力，双腿半屈，抬头看前方。如果幼儿动作不标准,须返回起点重新游戏。

2．幼儿掌握动作要领后进行比赛,比一比哪组幼儿运输得最快。

温馨提示：

1．教师根据本班幼儿实际情况和动作熟练度,考虑是否增加游戏难度。

2．幼儿推动体操垫时,教师应提醒幼儿按标准动作进行游戏。

游戏名称：小乌龟找妈妈

锻炼动作： 快速手膝爬。

游戏目标：

1．提升幼儿手膝爬的速度及身体稳定性。

2．提升幼儿身体感知能力。

游戏重点： 手膝着地爬,要求幼儿后背尽量放平。

安全保护：

1．游戏前充分热身,着重对幼儿手腕部位进行活动。

2．游戏时,女生禁止穿裙子,避免膝盖受伤。

游戏材料： 软飞盘：4个,泡沫砖：24个。

场地摆放：

1．在场地起始线处放置4个软飞盘。

2．增加难度,场地上摆放3组障碍物(障碍物由两块泡沫砖垒高组成),每组障碍物间隔2米(见图2-4-5、图2-4-6)。

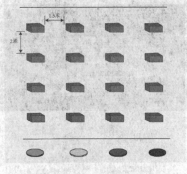

图2-4-5

图2-4-6

游戏玩法：

1. 教师把幼儿分成四组，并请幼儿站在起始线前，手膝着地，后背尽量放平。

2. 在每组出发的幼儿背上放一个软飞盘，幼儿手膝爬到终点。到终点后，幼儿将软飞盘顶在头上快速走回到起点，再将软飞盘交给下一名幼儿（见图 2-4-7、图 2-4-8）。

图 2-4-7

图 2-4-8

3. 增加难度：幼儿站在起始线前，背着软飞盘，手膝爬，绕过障碍物到终点。返回时，幼儿头顶着软飞盘，跨过障碍物，将软飞盘交给下一名幼儿，直到最后一名幼儿完成，游戏结束（见图 2-4-9、图 2-4-10）。

图 2-4-9

图 2-4-10

游戏规则：

1. 游戏时，如果软飞盘从幼儿后背或头顶掉下，幼儿须捡起软飞盘并从起点重新出发。

2. 幼儿头顶飞盘跨越障碍物时,须双臂张开保持平衡。

3. 比赛时,哪一组幼儿率先完成任务即为获胜。

温馨提示:

1. 为幼儿创设一个干净、卫生、无尘的游戏场地。

2. 幼儿手膝着地爬时,教师可提醒幼儿后背尽量放平。

游戏名称:"蜥蜴人"

锻炼动作: 匍匐爬行。

游戏目标:

1. 锻炼四肢肌肉和背部肌肉力量。

2. 提高身体的协调性和敏捷性,发展空间感知觉。

游戏重点:

1. 指导幼儿掌握匍匐爬行的方法:身体要贴近地面,双臂和双腿协调移动。

2. 教师要提醒当作"小桥"的幼儿,标准动作为手脚撑地。

安全保护:

1. 教师提醒当作"小桥"的幼儿要学会控制身体,不要压着钻过的"蜥蜴人"。

2. 提示"蜥蜴人"匍匐前进时,不要抬屁股,小心将"小桥"顶翻。

游戏材料: 无。

场地摆放: 无。

游戏玩法:

1. 教师将幼儿分成人数相等的两组。一组幼儿先站在场地中间当作"小桥",另一组幼儿在相距2~3米处坐好当作"蜥蜴人"(见图2-4-11)。

2. 听教师指令,当作"小桥"的幼儿手脚撑地,将身体拱起变成"小桥";"蜥蜴人"用匍匐前进的方式迅速钻过"小桥"到达另一边(见图2-4-12)。

图 2-4-11　　　　　　　　　　　　图 2-4-12

游戏规则：

1. "蜥蜴人"要快速钻过"小桥"，因为"小桥"的开放时间有限，到了规定的时间就会"关闭"。

2. "蜥蜴人"往返爬行3次，然后角色交换。每名幼儿游戏3组即可。

温馨提示：

1. 建议选用长方形的场地，便于开展游戏。

2. 游戏时，教师可播放节奏较欢快的音乐，烘托游戏气氛。

五、投掷

游戏名称：投壶高手

锻炼动作： 单手肩上投掷。

游戏目标：

1. 发展幼儿上肢和腰腹肌肉力量。

2. 提升幼儿手眼协调性和身体灵活性。

游戏重点： 幼儿站在小椅子上，单手持沙包举过头顶，对准泡沫砖用力掷出。

安全保护：

1. 教师提醒幼儿站在小椅子上时踩在中心位置，避免摔下来受伤。

2. 幼儿间交换位置时，先下后上，慢走换位。

游戏材料：小椅子：同人数，桌子：4张，沙包：同人数，泡沫砖：16块，软飞盘：4个。

场地摆放：

1. 教师在场地中间摆放2张桌子，拼成正方形（见图2-5-1）。
2. 桌子四周摆放小椅子，桌子和椅子间隔2米（见图2-5-2）。

图2-5-1   图2-5-2

游戏玩法：

1. 幼儿坐在小椅子上，每人拿一个沙包，将沙包投掷到桌子中间的软飞盘处。每人投掷5次（见图2-5-3）。

2. 增加难度①：幼儿站在小椅子上将沙包投掷到桌子上，每人投掷5次（见图2-5-4）。

图2-5-3   图2-5-4

3. 增加难度②：教师将泡沫砖摆在桌面上，幼儿站在小椅子上用沙包将泡沫砖击倒(见图 2-5-5)。

图 2-5-5

游戏规则:

1. 投掷时,如果幼儿将沙包掷到桌面以外的地方,须捡回沙包重新投掷。
2. 游戏难度增加后,如果幼儿未将泡沫砖击倒,须捡回沙包重新投掷。

温馨提示:

1. 幼儿站立在小椅子上时,教师用语言提示要站在椅子的中间位置。
2. 游戏一段时间后,幼儿间可互换位置,让幼儿体验不同方位的投掷。

游戏名称:飞碟速降

锻炼动作:坐爬、单手投掷。

游戏目标:

1. 发展幼儿上肢和腰腹肌肉力量。
2. 提升幼儿手眼协调性和身体灵活性。

游戏重点:

1. 幼儿夹着软飞盘坐爬时,注意不要让软飞盘掉落。
2. 游戏时,教师要提醒幼儿将双腿夹紧。

安全保护:

1. 提醒幼儿在捡软飞盘时不要摔倒。
2. 幼儿在坐爬过程中应注意手臂的支撑。

游戏材料：体操垫：8块，软飞盘：同人数。

场地摆放：

1. 在每组起点处放置和人数相等的软飞盘（见图2-5-6）。

2. 起点和终点处各放置4个体操垫，两组体操垫前后间隔3米，左右间隔1米（见图2-5-7）。

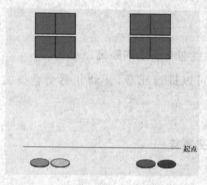

图2-5-6

图2-5-7

游戏玩法：

1. 教师将幼儿分成两组，教师发令后，每组第一名幼儿拿起一个软飞盘单手投掷到体操垫上（见图2-5-8）。

2. 幼儿单手投掷后跑到体操垫处，将软飞盘夹在双膝中间，坐爬返回起点后下一名幼儿出发（见图2-5-9）。

图2-5-8

图2-5-9

游戏玩法：

1. 幼儿单手投掷时须站在投掷线后约一步的距离。

2. 幼儿坐爬返回起点，将软飞盘交给下一名幼儿，下一名幼儿方可出发进行游戏。

3. 幼儿将软飞盘夹在双膝间坐爬时，如果飞盘落地，则须返回体操垫处重新游戏。

温馨提示：

1. 教师根据幼儿游戏水平，可调整起始线与垫子之间距离。

2. 待幼儿掌握游戏基本动作后，教师可以进行比赛，让幼儿感受竞技的魅力。

游戏名称：高空轰炸

锻炼动作：掷准。

游戏目标：

1. 发展幼儿上肢及腰腹部力量。

2. 提升幼儿身体灵活性和协调性。

游戏重点：幼儿两脚前后分开，站在投掷线后约一步的距离，单手持球举过头顶，向标志物用力掷出。

安全保护：注意沙包的填充物和重量，沙包重量应在250~300 g，填充物为细小的物体，如：小米、大米等，避免颗粒较大的填充物。

游戏材料：小桌子：2张，塑料盆：2个，沙包：12个，泡沫砖：12个。

场地摆放：

1. 场地中间摆放1张小桌子，在桌子的八个方向摆放8块泡沫砖，泡沫砖与桌子间隔3米；每个泡沫砖旁边放1个沙包。（见图2-5-10）。

2. 桌面上放1个塑料盆，盆口向上（增加难度时，将塑料盆倒扣过来）（见图2-5-11）。

图 2-5-10

图 2-5-11

游戏玩法：

1. 幼儿站在一块泡沫砖后面，手拿沙包面向小桌子，游戏开始后，幼儿单手肩上投掷，将沙包投向塑料盆中（见图 2-5-12）。

2. 所有幼儿投掷完毕后，每名幼儿将自己的沙包捡回，游戏 5 次，看谁将沙包投到塑料盆中的次数最多。

3. 增加难度：幼儿站在泡沫砖上，保持身体平衡。教师发出开始指令后，幼儿单手肩上投掷，将沙包投向倒扣的塑料盆上。看谁将沙包投到塑料盆上的次数最多（见图 2-5-13）。

图 2-5-12

图 2-5-13

游戏规则：

1. 投掷时，幼儿不可以越过脚下的泡沫砖；幼儿每投掷完一次，顺时针换一个投掷位置。

2. 所有幼儿投掷完毕后,幼儿才可以把自己的沙包捡回来。

温馨提示：

1. 提醒幼儿在投掷沙包的过程中控制力量,避免砸到同伴。
2. 提醒幼儿在泡沫砖上站稳后再进行投掷活动,避免因身体不稳而摔倒。

<h2 style="text-align:center">游戏名称：保龄球</h2>

锻炼动作：肩下抛球。

游戏目标：

1. 通过肩下抛球的动作进行定点投掷。
2. 提高幼儿身体协调能力和身体控制能力。

游戏重点：通过肩下定点抛球的动作击中目标物。

安全保护：

1. 在投掷保龄球时,提示幼儿控制投球的高度,以免保龄球碰到其他幼儿。
2. 游戏场地应远离楼梯,以免幼儿追保龄球时滚落到楼梯下。

游戏材料：玩具保龄球一套,记分牌。

场地摆放：在游戏场地摆放一套保龄球,在离保龄球2米处贴上投掷线(见图2-5-14、图2-5-15)。

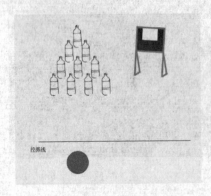

图 2-5-14

图 2-5-15

游戏玩法：

1. 将幼儿分成人数相等的两组。

2. 一组幼儿先投球,另一组幼儿为他们记录投掷次数。第一组幼儿将保龄球全部击倒后,换第二组投掷击球(见图2-5-16)。

图 2-5-16

游戏玩法:

1. 幼儿投掷击球时,脚不能超过投掷线。

2. 第一组幼儿投掷,第二组幼儿记录。第一组幼儿每投掷一次,第二组幼儿用记号记录一次。统计幼儿全部击倒保龄球共掷了多少次,次数用得少的小组获胜。

温馨提示:

1. 教师可根据幼儿实际情况拉长投掷线与保龄球之间的距离。

2. 教师也可在保龄球上贴上分值,每位幼儿投掷两次,记录分值,分值多为胜利。

3. 此游戏须在远离楼梯口的楼道或较长阳台中进行。

六、视觉追踪

游戏名称:模拟城市

锻炼动作:行进中身体的控制。

游戏目标：

1. 提升幼儿视觉追踪能力，锻炼幼儿手眼协调能力。

2. 提升幼儿的身体控制能力和平衡能力。

游戏重点： 游戏中，教师提示幼儿要控制好自己的身体。

安全保护： 游戏中用到的道具多为自制道具，在制作中要考虑安全因素。

游戏材料： 自制U形薯片桶：4个，杯子：8个，桌子：4张，乒乓球：24个，泡沫砖：4个。

场地摆放：

1. 用U形薯片桶、桌子摆出四条跑道，每条跑道长8米，终点处摆放4张小桌子。

2. 每张桌子上放置2个杯子，每组起点放置U形薯片桶和6个乒乓球（见图2-6-1）。

3. 增加难度：在跑道中摆放泡沫砖当作障碍物，每块泡沫砖间隔1米（见图2-6-2）。

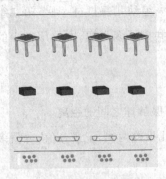

图2-6-1

图2-6-2

游戏玩法：

1. 将幼儿分为四组，每组幼儿从起点出发，将乒乓球放入U形薯片桶，然后手托U形薯片桶传送乒乓球至终点。传送过程中，幼儿手托U形薯片桶底部，不能用手堵在U形薯片桶两端（见图2-6-3）。

2. 幼儿到达终点后，将U形薯片桶中的乒乓球倒入桌子上的杯中后跑回起点，然后将U形薯片桶交给下一名幼儿，依次传递，将所有乒乓球传送完游戏结束（见图2-6-4）。

图 2-6-3　　　　　　　　　　　图 2-6-4

3. 增加难度：在跑道中摆放泡沫砖当作障碍物，幼儿从起点出发，手托 U 形薯片桶运输乒乓球，中途跨过泡沫砖，到达终点后将 U 形薯片桶中的乒乓球倒入桌子上的杯中，跑回起点并将 U 形薯片桶交给下一名幼儿。将所有乒乓球运送完游戏结束（见图 2-6-5、图 2-6-6）。

图 2-6-5　　　　　　　　　　　图 2-6-6

游戏规则：

1. 每组有 6 个乒乓球，最先将乒乓球运送到终点的小组获胜。
2. 传送过程中，如果乒乓球落地，幼儿应捡起乒乓球后从起点重新出发。
3. 传送过程中，幼儿不能用手触碰乒乓球。

温馨提示：

1. 游戏初期，幼儿传送乒乓球的速度会很慢，待熟练后逐步提升游戏速度。

2. 教师可以通过改造游戏道具(加长薯片桶长度等)来增加游戏难度。

游戏名称：照相机

锻炼动作：视觉追踪。

游戏目标：

1. 在视觉追踪游戏中，能集中注意力和注意力转换。
2. 提高注意力和预防近视。

游戏重点：

1. 在游戏过程中，提示幼儿保持头部不动，用眼睛去追踪物体。
2. 能迅速地按照指令进行注视转换。

安全保护：提醒幼儿坐好，身体不要随着视觉移动而用力摇晃。

游戏材料：无。

场地摆放：幼儿坐在小椅子上有序排列，每把小椅子间隔50厘米(见图2-6-7、图2-6-8)。

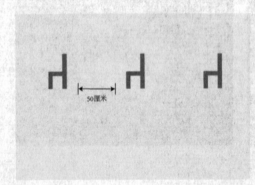

图 2-6-7

图 2-6-8

游戏玩法：

1. 幼儿坐在小椅子上，教师带领幼儿一边拍手一边从"1"数到"10"，然后大声说"请给墙上的一幅画照相"(见图2-6-9)。

2. 幼儿立刻停止拍手，将目光从老师的身上转移，马上去找到那幅画，并且大声说"咔嚓"(见图2-6-10)。

图 2-6-9　　　　　　　　　　　图 2-6-10

游戏规则：

1. 教师选择屋里比较显眼且位置不同的物体让幼儿照相。

2. 增加难度：给屋里位置比较隐蔽的物体或者教师身上的某个标志物照相。

温馨提示： 开展这类游戏时，教师可以根据游戏情况控制幼儿拍手和找物体的节奏和速度。

游戏名称：攻占堡垒

锻炼动作： 视觉追踪、躲闪、单手投掷。

游戏目标：

1. 通过单手投掷动作游戏，提高幼儿目光追踪物体能力及幼儿注意力。

2. 提升幼儿快速反应躲闪能力，增强身体灵活性。

游戏重点： 幼儿在复杂的游戏中，能迅速锁定目标并用纸球击打。

安全保护：

1. 制作纸球时，球的直径控制在5~6厘米，纸球外面用胶带裹好，以免纸边划伤幼儿。

2. 为攻击方的幼儿贴一条投掷线，避免过近投掷伤到对面防守方幼儿。

游戏材料： 报纸球：40个，桌子：1张，泡沫砖：10块。

场地摆放：

1. 将桌子摆放在教室的一边，在桌面上立着摆放泡沫砖（见图2-6-11）。

2. 幼儿与桌子相隔5米,并在5米处贴上投掷线(见图2-6-12)。

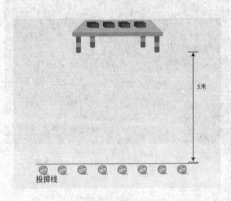

图 2-6-11

图 2-6-12

游戏玩法：

1. 教师将幼儿分成两组,一组进攻,另一组防守。进攻组的幼儿掷出纸球并击倒桌子上的泡沫砖；防守组的幼儿需要在桌子前保护桌子上的泡沫砖不被打倒。将泡沫砖全部打倒后,双方交换位置(见图2-6-13)。

2. 增加难度①：一轮游戏后,教师改变泡沫砖摆放的位置,给进攻组幼儿增加掷准的难度(见图2-6-14)。

3. 增加难度②：游戏时,防守组幼儿既要保护身后桌上的泡沫砖不被打倒,又要保护好自己不被纸球击中,如果被击中将被暂时罚下场。

图 2-6-13

图 2-6-14

游戏规则：

1. 投掷时,幼儿不能越过脚下的投掷线。

2. 进攻组幼儿打倒所有泡沫砖后,双方互换角色。

3. 一旦防守方幼儿身体被纸球击中,这名幼儿将被暂时罚下场。

温馨提示:

1. 教师可依据幼儿的情况,适当缩短投掷距离。

2. 游戏增加难度时,教师提醒防守组幼儿要侧身躲避纸球,以免被击中脸部。

七、综合类

游戏名称:翻滚吧,小子!

锻炼动作: 跳、平衡、翻滚、爬、投掷。

游戏目标:

1. 发展幼儿侧身翻滚的技能。

2. 增强幼儿上下肢和腰腹力量。

3. 提高幼儿平衡能力和灵活性。

游戏重点: 掌握双脚连续跳、平衡过窄道、侧身翻滚、爬斜坡、肩上投掷的动作技巧。

安全保护:

1. 教师用桌椅摆出平衡桥和爬行区时,要确认桌椅的稳定性,保证游戏安全。

2. 教师控制幼儿出发间隔,同时用语言提示幼儿要保持距离,避免拥堵和相互碰撞。

3. 提示幼儿在通过椅子摆成的平衡桥时,踩椅面的中间,不要踩两把椅子的连接处。

4. 提示幼儿在爬斜坡时,从桌子的中间爬过。

游戏材料: 纸砖、小椅子、地垫、桌子、玩具柜、沙包。

场地摆放:

1. 平行摆放 8 块纸砖成一列,间距 30 厘米;用若干小椅子依次连接摆出平衡桥;将 10 块地垫平铺成一列(见图 2-7-1、图 2-7-2)。

2. 用桌子和小椅子组合摆出两个斜坡,作为爬行区(见图2-7-1、图2-7-3)。

3. 将玩具柜当作投掷线,上面放置若干沙包(见图2-7-1、图2-7-4)。

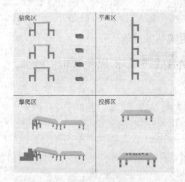

图 2-7-1

图 2-7-2

图 2-7-3

图 2-7-4

游戏玩法:

1. 幼儿双脚并拢连续跳,跳过纸砖(见图2-7-5)。

2. 幼儿走过平衡桥(见图2-7-6)。

3. 幼儿躺在地垫上,双手伸直举过头顶,掌心贴合,侧身滚过地垫(见图2-7-7)。

4. 幼儿通过爬行区(见图2-7-8)。

5. 幼儿来到投掷区把沙包投掷到窗台上面(见图2-7-9)。

图 2-7-5

图 2-7-6

图 2-7-7

图 2-7-8

图 2-7-9

游戏规则：

1. 幼儿听教师指令，从起点处依次出发，五个区域的游戏结束即为挑战成功。

2. 幼儿从桥上掉下或侧身翻滚姿势不正确时,则须重新开始游戏。

温馨提示:

1. 教师观察幼儿的游戏状态,进行有针对性的指导。必要时,为不能独立完成动作的幼儿提供帮助。

2. 游戏结束后,幼儿间互相按摩胳膊、腿。

游戏名称:秘密送情报

锻炼动作:钻爬、跳、平衡、投掷。

游戏目标:

1. 发展幼儿上下肢和腰腹力量。

2. 提高幼儿身体的平衡能力和协调性。

游戏重点:掌握匍匐前进、双脚连续跳、平衡过窄道、肩上投掷的动作技巧。

安全保护:

1. 教师用桌椅摆出平衡桥和爬行区时,要确认桌椅的稳定性,保证游戏安全。

2. 教师要注意控制幼儿出发间隔,同时用语言提示幼儿保持距离,避免拥堵和相互碰撞。

3. 提醒幼儿在通过椅子摆成的平衡桥时,踩椅面的中间,不要踩两把椅子的连接处。

游戏材料:椅子、坐垫、桌子、乒乓球、拼插玩具若干、小筐(纸箱)。

场地摆放:

1. 利用室内较空旷的场地,用若干桌子拼出高低起伏的爬行区(见图 2-7-10、图 2-7-11)。

2. 将两把小椅子面对面放倒后椅背对齐,每组间距 1 米,摆成隧道区(根据场地大小可摆多组隧道);6 块坐垫摆成一列,间隔 30 厘米,组成垫子陷阱;用若干椅子依次连接摆出平衡桥(见图 2-7-12)。

3. 用一个玩具柜当作投掷线,将乒乓球放在小筐里(见图2-7-13)。

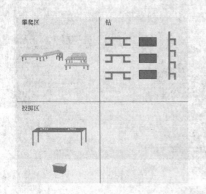

图 2-7-10

图 2-7-11

图 2-7-12

图 2-7-13

游戏玩法:

1. 幼儿出发时拿一个"情报"(拼插玩具),匍匐前进穿过隧道区(见图2-7-14)。

2. 幼儿双脚并拢连续跳,跳过垫子陷阱(见图2-7-15)。

3. 幼儿走过平衡桥,把"情报"(拼插玩具)放到消息箱子里(见图2-7-16)。

4. 幼儿爬过平衡区(见图2-7-17)。

5. 幼儿通过爬行区后,来到投掷柜前,将小筐里的乒乓球投向纸篓(见图2-7-18)。

图 2-7-14

图 2-7-15

图 2-7-16

图 2-7-17

图 2-7-18

游戏规则：

1. 幼儿听教师指令，从起点处依次出发，五个区域的游戏结束即为挑战成功。

2. 幼儿匍匐前进穿过隧道时动作不标准或从桥上掉下,则须重新开始游戏。

温馨提示:

1. 巧妙利用小坐垫、乒乓球等班级内的常用物品辅助创设游戏情境。

2. 观察幼儿的游戏状态,进行有针对性的指导。必要时,为不能独立完成动作的幼儿提供帮助。

游戏名称:小小特种兵

锻炼动作: 钻爬、平衡、跳、投掷。

游戏目标:

1. 发展幼儿上下肢和腰腹力量。
2. 提高幼儿身体的平衡能力和协调性。

游戏重点: 掌握匍匐前进、平衡过窄道、双脚连续跳、肩上投掷的动作技巧。

安全保护:

1. 教师用桌椅摆出平衡桥和爬行区时,要确认桌椅的稳定性,保证游戏安全。

2. 教师要注意控制幼儿出发间隔,同时用语言提示幼儿要保持距离,避免拥堵和相互碰撞。

3. 提示幼儿在通过椅子摆成的平衡桥时,踩椅面的中间,不要踩两把椅子的连接处。

游戏材料: 椅子、纸棍、泡沫砖、桌子、玩具柜、小方桌、沙包、雪花插片。

场地摆放:

1. 将两把椅子间隔1米背向放置,椅背上架一根纸棍,共8套,组合出隧道区(见图2-7-19、图2-7-20)。

2. 用若干椅子依次连接摆出平衡桥(见图2-7-19、图2-7-21)。

3. 平行摆放8块泡沫砖成一列,每块间距30厘米(见图2-7-19、图2-7-21)。

4. 用桌子、椅子和玩具柜组合摆出2个斜坡,作为爬行区(见图2-7-19、见图 2-7-22)。

5. 在小方桌上放置一筐沙包(见图 2-7-19、图 2-7-23)。

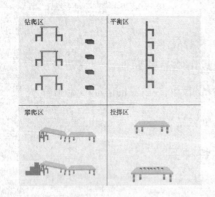

图 2-7-19

图 2-7-20

图 2-7-21

图 2-7-22

图 2-7-23

游戏玩法：

1. 幼儿出发前拿一个雪花插片匍匐前进穿过隧道区(见图2-7-24)。

2. 幼儿走过平衡桥(见图2-7-24)。

3. 幼儿双脚并拢连续跳，跳过泡沫地雷，然后把雪花插片放到盒子里(见图2-7-25、图2-7-26)。

4. 幼儿爬过桌子斜坡(见图2-7-27、图2-7-28)。

5. 幼儿来到投掷桌子前，把沙包投掷到另一张桌子上(见图2-7-29)。

图2-7-24

图2-7-25

图2-7-26

图2-7-27

游戏规则：

1. 幼儿听教师指令，从起点处依次出发，五个区域的游戏结束即为挑战成功。

2. 幼儿能从隧道和平衡桥顺利通过，匍匐前进穿过隧道动作不标准或从桥上掉下时,则须重新开始游戏。

图 2-7-28

图 2-7-29

温馨提示:

1. 纸棍可以分别架在椅子的不同高度上,增加游戏的挑战性。

2. 爬行时,幼儿可以先从手膝爬到匍匐前进,再到俯身爬,逐渐增加爬行难度。

3. 观察幼儿的游戏状态,进行针对性的指导。必要时,为不能完成动作的幼儿提供帮助。

游戏名称:桌子迷宫

锻炼动作: 钻爬、跳、平衡、投掷。

游戏目标:

1. 发展幼儿匍匐前进的技能。

2. 增强幼儿上下肢和腰腹力量。

3. 提高身体的灵活性和协调性。

游戏重点: 掌握匍匐前进、双脚连续跳、平衡过窄道、肩上投掷的动作技巧。

安全保护:

1. 教师用桌椅摆出平衡桥和爬行区时,要确认桌椅的稳定性,保证游戏安全性。

2. 教师控制幼儿出发间隔,同时提醒幼儿保持距离,避免发生拥堵和相互碰撞。

3. 提醒幼儿在通过椅子摆成的平衡桥时，踩椅面的中间，不要踩两把椅子的连接处。

4. 幼儿在桌子上爬时，提醒幼儿控制身体注意躲避障碍物，避免椅子坠落。

游戏材料：椅子、纸棍、太空梯、桌子、纸球。

场地摆放：

1. 将两把椅子间隔1米背向放置，椅背上架一根纸棍，每组间距1米，摆成隧道区（隧道组数视场地大小而定）（见图2-7-30、图2-7-31）。

2. 摆开太空梯（见图2-7-30、图2-7-31）。

3. 用若干椅子依次连接，摆出平衡桥（见图2-7-34）。

4. 利用室内较空旷的场地，把桌子连起来，在桌子的上方和下方摆放椅子当作障碍物，组成爬行区（见图2-7-35）。

5. 将三把椅子摆成投掷线，并将纸球装到小筐里（见图2-7-36）。

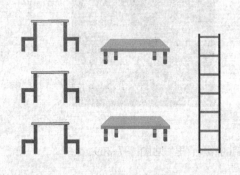

　　　　　　　　　　　　图2-7-31

游戏玩法：

1. 首先幼儿匍匐前进通过隧道区；接着双脚并拢连续跳，跳过太空梯，然后走过平衡桥（见图2-7-32、图2-7-33、图2-7-34）。

2. 幼儿通过爬行区，从桌子上面爬过去，再从桌子下面爬回来（见图2-7-35）。

图 2-7-32

图 2-7-33

图 2-7-34

图 2-7-35

3. 幼儿来到投掷区前,把纸球投掷到小篓子里(见图 2-7-36)。

图 2-7-36

游戏规则：

1. 幼儿听教师指令，从起点处依次出发，五个区域的游戏结束即为挑战成功。

2. 幼儿爬行通过隧道动作不标准或从平衡桥上掉下时，则须重新开始游戏。

温馨提示：

1. 当幼儿已较熟练地掌握匍匐前进的动作技能时，可适当增加难度，如侧姿匍匐前进。

2. 观察幼儿的游戏状态，进行针对性的指导。必要时，为不能完成动作的幼儿提供帮助。

3. 游戏结束后，幼儿互相按摩胳膊、腿。

第三节 大班室内体育游戏活动

一、平衡类

游戏名称：乱了的蘑菇

锻炼动作： 快跑急停。

游戏目标：

1. 指导幼儿练习快跑急停的动作技能。

2. 提高幼儿身体的平衡能力、反应力和空间感知能力。

游戏重点： 快跑急停是弯腰半蹲跑的停止动作。游戏中，教师要指导幼儿学习如何控制身体的重心。幼儿掌握了控制重心的方法，才能反复地做跑、停、蹲、起等动作，从而完成游戏。

安全保护： 游戏开始前，教师可引导幼儿在小组内协商分配每个人的跑动区域，避免互相碰撞，并在游戏时注意躲闪同伴。

游戏材料： 六色盘：30个，雪糕杯：30个，小椅子：6把。

场地摆放：

1. 教师将六色盘、雪糕杯分成数量相等的两组，散落摆放在相邻的两块场地内(见图 3-1-1、图 3-1-2)。

2. 每块场地内，在六色盘、雪糕杯的外围各摆三把椅子(三把椅子构成一个三角形)(见图 3-1-1、图 3-1-2)。

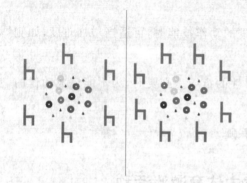

图 3-1-1

图 3-1-2

游戏玩法：

1. 幼儿 3 人一组，分别坐在各自场地内的小椅子上，请一名幼儿当小裁判员，站在两组的中间(见图 3-1-3)。

2. 游戏以播放欢快的乐曲为开始信号，幼儿听到乐曲后离开小椅子，将自己所在场地内散落的雪糕杯放到六色盘上(见图 3-1-4)。

3. 率先将所有散落的雪糕杯放完的小组获胜。

图 3-1-3

图 3-1-4

游戏规则：

1. 小裁判员要通过仔细观察判断出哪组幼儿最先将所有的雪糕杯放在六色盘上，即为该组本局获胜，在记分表上积一分。

2. 比赛采取三局两胜制。

温馨提示：

1. 在场地条件允许的情况下，每组可增至4名幼儿游戏。

2. 可根据幼儿的游戏情况适当增加难度，如按颜色分类放置雪糕杯和六色盘等。

3. 教师组织幼儿轮流当小裁判员，提高幼儿参与游戏的积极性。

游戏名称：小球过山洞

锻炼动作： 身体平衡。

游戏目标：

1. 发展幼儿肌肉耐力和身体平衡力。

2. 提高幼儿身体的控制能力。

游戏重点：

1. 幼儿能够通过身体的变化，设计出可以让小球通过的"洞"。

2. 在小球通过"洞"的过程中，幼儿要保持身体的平衡。

安全保护：

1. 游戏中使用的球要柔软。

2. 用身体摆出"洞"的时候，动作要从易到难。

游戏材料： 鳄鱼球：8个。

场地摆放： 无。

游戏玩法：

1. 教师将幼儿分成相同人数的三排，每排6~8名幼儿（见图3-1-5）。

2. 第一排和第三排幼儿面对面蹲下，第二排幼儿用身体摆出"洞"的形状（见图3-1-6）。

3. 3名幼儿为一组，站在中间的幼儿用自己的身体摆出各种"洞"的形状，一名幼儿把鳄鱼球慢慢地向前滚动,通过"洞"滚到对面的幼儿面前(见图3-1-7)。

4. 增加难度:幼儿听信号做动作。当教师提示用胳膊和腿做"洞"时,中间一排的幼儿马上用自己的两只胳膊和两条腿做出"洞"的形状;教师提示用一只胳膊和两条腿做出的"洞"的形状,幼儿马上变换姿势(见图3-1-8)。

图 3-1-5

图 3-1-6

图 3-1-7

图 3-1-8

游戏规则:

1. 幼儿听指令变换姿势,若未按指令做出相应动作则立即纠正。

2. 当小球没有从身体的"洞"中滚到对面幼儿手中时,做"洞"的幼儿不能变换姿势,继续保持身体平衡,直到球从"洞"中滚过去。

3. 三组游戏结束后,幼儿间可更换角色。

温馨提示:

1. 滚球的两名幼儿要配合默契,注意控制球前进的方向。

2. 教师可在幼儿熟悉各种"洞"的动作后播放音乐(如《卡路里》),幼儿根据音乐的变化变换"洞"的形状。

游戏名称:百变战士

锻炼动作:单脚支撑。

游戏目标:

1. 提升幼儿观察能力、模仿能力和方位感。
2. 发展幼儿的平衡能力、柔韧性。

游戏重点:通过游戏提升幼儿对身体动作的观察能力和模仿能力。

安全保护:

1. 教师应为幼儿提供宽敞的游戏场地。
2. 幼儿在模仿时,其他幼儿不要靠近,以免踢到或撞倒其他幼儿。

游戏材料:模仿卡片(金鸡独立、拱形桥、坦克、大炮等)、记分牌、小印章。

场地摆放:场地没有特殊的摆放要求,但场地面积需要宽敞一些,能满足3~4名幼儿做动作即可。

游戏玩法:

1. 给幼儿分配角色(一名记分员、一名裁判员),其他幼儿参与游戏(见图3-1-9)。
2. 裁判员随意抽出模仿卡,其他幼儿迅速模仿卡片动作。裁判员判断谁做得最快、最准确、动作坚持时间最长(见图3-1-10)。

图 3-1-9

图 3-1-10

3. 记分员在记分牌上记录游戏结果,比一比哪名幼儿完成的动作又多又标准,且保持时间最长(见图 3-1-11、图 3-1-12)。

图 3-1-11　　　　　　　　　　图 3-1-12

游戏规则：

1. 幼儿模仿动作要与图片一致,动作不标准不计分,方向错误不计分。

2. 幼儿模仿动作后,比一比哪名幼儿坚持的时间最长,给坚持时间最长的幼儿计分。

3. 幼儿在模仿时,不能看同伴的动作,只能观看图片提示动作。

温馨提示：

1. 在给动作保持时间计时时,教师可引导幼儿运用各种计时工具。

2. 此游戏可利用楼道或阳台的空间进行;记分牌的制作可采用有机玻璃材质,一是能固定到墙面便于图片贴到相应的格子里,二是记分后便于擦掉。

游戏名称：火烈鸟

锻炼动作： 单脚站立。

游戏目标：

1. 锻炼单脚支撑的能力,增强下肢肌肉力量。

2. 提高身体的平衡性。

游戏重点： 在幼儿单脚支撑下蹲时,提醒幼儿通过调整身体的重心来保持平衡。

安全保护：

1. 教师提醒幼儿在做单腿支撑下蹲的动作时，需要稍抬头。

2. 指导幼儿单脚支撑下蹲时，使其学会利用胳膊和抬起的腿保持身体平衡。

游戏材料： 小椅子：9把，体操圈：9个，小沙包：27个。

场地摆放：

1. 将小椅子摆成3列，列与列间隔1.5米；每列摆放3把小椅子，小椅子间间隔2米（见图3-1-13、图3-1-14）。

2. 每把小椅子的右侧放置1个体操圈，每个体操圈里放置3个小沙包（见图3-1-13、图3-1-14）。

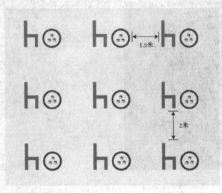

图3-1-13　　　　　　　　　　图3-1-14

游戏玩法：

1. 将幼儿分成人数相等的3组，并在起点处排队。

2. 幼儿踮脚（脚尖着地）出发，走到小椅子处时变成"火烈鸟"单脚支撑，并弯腰下蹲将体操圈里的3个沙包捡起来放到小椅子上，然后继续向前走，直至将所有的沙包都放到小椅子上（见图3-1-15、图3-1-16）。

3. 增加难度：用脚跟着地走进行游戏（见图3-1-17）。

游戏规则：

1. 每组每次只能有一名幼儿出发，该幼儿到达终点后，大声喊身后幼儿的名字："×××，请你出发。"被喊到名字的幼儿出发，游戏继续，该名幼儿的任务是采用火烈鸟的动作，将小椅子上的沙包放到地面的体操圈里。

2. 每名幼儿游戏3组即可。

图 3-1-15

图 3-1-16

图 3-1-17

温馨提示：

1. 游戏中，幼儿身体晃动时，教师提示幼儿不要用手扶小椅子，而要学会通过调整身体的重心来保持平衡。

2. 游戏时，教师及时调整首位出发的幼儿，保证每名幼儿都有把地面上的沙包放到小椅子上的机会。

二、柔韧类

游戏名称：双脚拔树

锻炼动作： 坐位体前屈。

游戏目标：

1. 锻炼腰腹肌肉力量。

2. 提升背、腰腹的柔韧性及四肢协调性。

游戏重点： 指导幼儿在"拔树"时掌握正确的方法，即幼儿坐在桌面上，双手放在身体两侧抓住桌面边缘，双腿伸直，用双脚夹住接力棒，然后腰腹发力将腿抬起来。

安全保护： "拔树"时，教师要提醒幼儿双手抓紧桌面边缘；左右摆动腿时，幼儿身体重心在臀部，只是扭动腰腹。

游戏材料： 梅花盘：16个，桌子：8张，接力棒：8根。

场地摆放：

1. 教师将桌子摆成两列，每列4张。两列桌子间隔2米，每列桌子间隔1米（见图3-2-1、图3-2-2）。

2. 在桌子前摆放2个梅花盘，间距50厘米，左边的梅花盘里放1根接力棒（见图3-2-1、图3-2-2）。

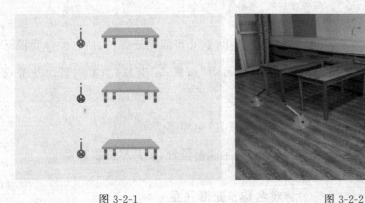

图 3-2-1

图 3-2-2

游戏玩法：

1. 教师将幼儿分成两组，分别站在起点处（第一张桌子即为起点）。

2. 幼儿听到开始口令后出发，坐在桌面上，双脚将左边的接力棒拔出来，然后扭动腰腹将接力棒放到右边的梅花盘里；放好后，幼儿到下一张桌子继续以此方法进行游戏，直到在4张桌子上的游戏全部完成，最后幼儿从中间的通道返回起点（见图3-2-3、图3-2-4）。

图 3-2-3　　　　　　　　　图 3-2-4

游戏规则：

1. 听到开始口令后，幼儿依次出发，比一比哪组率先完成。

2. 游戏时，幼儿只能用脚夹住接力棒，不能用手帮忙。

温馨提示：

1. 此类型的游戏，如果参与人数较多，幼儿可能需要等待，所以教师要根据本班幼儿的数量决定出发形式，如可以采用"鱼贯式"出发，当第一名幼儿游戏进行到第二张桌子时，下一名幼儿出发。

2. 双脚夹接力棒时尽量用脚尖夹紧，以免掉落。

3. 当梅花盘离桌子较远时，幼儿自主调整位置，使其尽量靠近桌子。

游戏名称：变形飞盘

锻炼动作：坐位体前屈。

游戏目标：

1. 发展幼儿身体柔韧性。

2. 增强幼儿身体肌肉力量。

3. 提升幼儿身体的平衡性、协调性和专注力。

游戏重点：

1. 教师提示幼儿先看动作指示牌，再做出相应动作。
2. 幼儿双手双脚支撑时，后腿尽量伸直。
3. 幼儿双手单脚支撑时，后腿尽量伸直向上。

安全保护：

1. 清空游戏场地内的障碍物，保证幼儿安全。
2. 控制幼儿游戏时的间距，幼儿间距离要保持在 1 米以上，避免抬脚时踢到旁边的幼儿。

游戏材料： 软飞盘、动作标示牌。

场地摆放： 无。

1. 参加游戏的幼儿每人拿 2 个软飞盘，幼儿间间隔 1 米（参与人数可根据本班场地的大小自定）（见图 3-2-5）。
2. 请一名幼儿拿着动作指示牌当指挥。
3. 动作指示牌内容如下。

动作一：双手双脚着地支撑（双手同时撑在一个软飞盘上，双脚同时踩在另一个软飞盘上）（见图 3-2-6）。

图 3-2-5　　　　　　　　　　　图 3-2-6

动作二：双手单脚着地支撑（双手同时撑在一个软飞盘上，一只脚踩在软飞盘上，另一只脚抬起）（见图 3-2-7）。

动作三：双脚踩飞盘、头上顶飞盘（双脚踩在同一个软飞盘上，头上顶一个软飞盘，手不碰触头顶飞盘，幼儿可张开手臂保持平衡）。

动作四：双脚单手着地支撑（双脚同时踩在一个软飞盘上，一只手撑在一个软飞盘上，另一只手抬起）（见图3-2-8）。

动作五：单脚单手着地支撑（在双脚单手的动作基础上，抬起一只脚）。

图 3-2-7

图 3-2-8

游戏规则：

1. 听教师指令开始游戏，指挥的幼儿大声说出"请看，标示牌"后依次出示动作标示牌，看到参加游戏的幼儿完成规定动作，而且坚持10秒后，即为挑战成功可换下一个动作。

2. 幼儿双手双脚支撑时，后腿尽量伸直；幼儿双手单脚支撑时，后腿尽量伸直向上（不做硬性要求，幼儿尽力就好）。

3. 每组幼儿完成一套动作后，换另一组进行游戏。

温馨提示：

1. 做动作时，提示幼儿可以通过调整两个软飞盘间的距离来达到支撑身体的最佳状态。

2. 做单手单脚动作时，幼儿可以同侧手脚着地，也可以不同侧手脚着地。

3. 教师可以请动作最标准的幼儿当"指挥人"作为小奖励，激发幼儿参加游戏的积极性。

游戏名称：拯救小动物

锻炼动作： 直腿体前屈。

游戏目标：

1. 锻炼幼儿的腿部柔韧性。

2. 提高幼儿平衡能力。

游戏重点：为了锻炼幼儿下肢的柔韧性，一定要保证幼儿直腿不弯曲。

安全保护：

1. 游戏前，教师检查大型软积木的稳定性。

2. 游戏开始后，教师要站在软积木垫子的旁边进行保护。

游戏材料：大型软积木（20厘米高）：1块，小动物图片：若干张，记录牌：1块。

场地摆放：将大型软积木摆放在楼道中，将小动物图片放在软积木前方约10~15厘米处。小动物图片的大小不等，可随意摆放。准备一张记录比赛结果的记录牌（见图3-2-9、图3-2-10）。

图 3-2-9　　　　　　　　　　　图 3-2-10

游戏玩法：

1. 将幼儿分成两组，每组2人。一组幼儿拿图片，另一组幼儿负责计数。

2. 拿图片的幼儿站在软积木垫子上，将已经摆放在软积木垫子前面的小动物图片拿起（见图3-2-11）。

3. 成功拿起一张动物图片，对方幼儿记录一次。每组游戏时间为2分钟，时间一到，两组幼儿交换角色（见图3-2-12）。

游戏规则：

1. 以2分钟内幼儿"拯救"小动物数量最多的组为获胜方。

2. 幼儿站在积木上拿小动物图片时，两腿不可以弯曲。由对方幼儿进行监督，如果发现弯腿，则该次拿起的小动物图片不计数。

图 3-2-11　　　　　　　　　　　　图 3-2-12

温馨提示：

1. 游戏前,要给幼儿示范直腿体前屈动作。

2. 刚开始游戏时,采用的小动物图片不宜过小;可以让幼儿双腿打开站立,随着幼儿柔韧性的增强,逐渐要求幼儿缩小两腿之间的距离。

游戏名称：超级大炮

锻炼动作： 坐位体前屈。

游戏目标：

1. 发展幼儿身体柔韧性。

2. 增强幼儿腿部和腰腹肌肉的爆发力。

3. 提高幼儿身体的协调性和空间感知能力。

游戏重点： 幼儿双脚夹球,双腿瞬间发力把球掷出。

安全保护： 幼儿在完成卷腹和摆腿投掷时,教师提醒幼儿控制好力度,避免双腿发力过猛造成后空翻。

游戏材料： 桌子:2张,鳄鱼球:与幼儿人数相同,小旗:1面,小鼓:1个。

场地摆放：

1. 教师将桌子侧放在终点当作"碉堡",距起点 3~4 米即可(见图3-2-13、图3-2-14)。

2. 游戏道具的组数可按照班级场地情况而定。

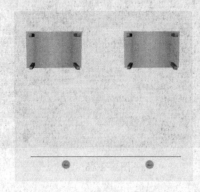
图 3-2-13

图 3-2-14

游戏玩法：

1. 当作"超级大炮"的幼儿平躺在起点，头顶起点线，脚朝向终点方向，双臂微张，掌心向下放在身体两侧，双脚夹住一个鳄鱼球，腰腹用力摆动双腿将球抛掷出去，击打到桌面即为挑战成功（见图 3-2-15、图 3-2-16）。

图 3-2-15　　　　　　　　　图 3-2-16

2. 增加难度①：教师请一名幼儿拿着小旗当发令员，参加游戏的幼儿听到"预备，发射！"的口令后发射"炮弹"（见图 3-2-17）。

3. 增加难度②：将指挥用的小旗换成小鼓，当发令员敲响小鼓时，"超级大炮"将"炮弹"抛掷出去（见图 3-2-18）。

图 3-2-17　　　　　　　　　　图 3-2-18

游戏规则：

1. 教师将幼儿分成人数相等的两组进行游戏，每名幼儿抛掷 1 个鳄鱼球，比一比哪个"超级大炮"能把"炮弹"抛掷到"碉堡"上。

2. 幼儿发射"炮弹"后，爬过去取回，然后从两侧返回起点。

3. 每名幼儿游戏 5~8 次即可。

温馨提示：

1. 幼儿双脚夹球抛掷时，双腿瞬间发力的动作和出球的时机不易掌握，教师可先让幼儿练习几遍，熟悉后再进行游戏。

2. 教师可以请两组幼儿用不同颜色的鳄鱼球进行比赛，增加游戏的竞争性。

3. 幼儿可轮流当发令员，提高幼儿游戏的积极性。

三、走

游戏名称：愤怒的小鸟

锻炼动作：后踢腿走。

游戏目标：

1. 发展幼儿后踢腿走的技巧。

2. 增强幼儿下肢力量，提高身体协调能力。

游戏重点：游戏时，幼儿须后踢腿走，教师提醒幼儿动作要规范。

安全保护：

1. 后踢腿走时，幼儿要保持身体平衡。
2. 后踢腿走时，幼儿注意避让地面的五色盘，防止踩上滑倒。

游戏材料：接力棒：4个，五色盘：60个。

场地摆放：准备好起始线，将五色盘散落在场地中间（见图3-3-1、图3-3-2）。

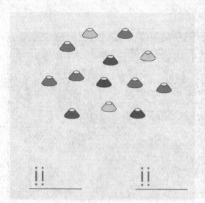

图 3-3-1

图 3-3-2

游戏玩法：

1. 教师将幼儿分成四组，每两组幼儿面对面站在各自的起点线上。每组幼儿听指令同时从起点出发，双手叉腰，后踢腿走，走到中间拿起一个五色盘后径直走到对面的队伍前把五色盘放到筐中，与排头幼儿击掌，排头幼儿出发。当五色盘都被拿完后，比一比哪一组拿得最多（见图3-3-3、图3-3-4）。

图 3-3-3

图 3-3-4

2. 增加难度：教师给每组幼儿发一个接力棒，让幼儿将接力棒放到屁股的位置上，接力棒平行于地面，幼儿后踢腿每走一步，脚都要碰到接力棒。每组幼儿通过协商选出代表自己队伍的颜色，并到场地中间拿起这种颜色的五色盘放在各自队伍的起点线前方。幼儿出发到场地中间随意拿自己喜欢的五色盘，找到与自己拿的五色盘颜色相对应的队伍后站到队尾，最后比一比哪组拿的颜色是完全正确的，而且动作规范（见图 3-3-5、图 3-3-6）。

图 3-3-5　　　　　　　　　　　　图 3-3-6

游戏规则：

1. 每组每次只能有一名幼儿出发，幼儿拿到五色盘后要走到对面的队伍前，与排头幼儿击掌后继续游戏。

2. 游戏完的幼儿要返回队尾，不可以在场地中间来回走动。

3. 没有后踢腿走的幼儿，返回起点重新出发。

温馨提示：

1. 游戏结束后，各组幼儿分工合作记录比赛结果，如有平分情况，可组织再赛。

2. 教师可以播放运动音乐，幼儿随音乐进行游戏。

游戏名称：旅行的履带

锻炼动作：弯腰半蹲走。

游戏目标：

1. 发展幼儿弯腰半蹲走和左右手交替滚物的运动技巧。

2. 增强幼儿的下肢力量。

3. 提高幼儿的协调性和控制身体的能力。

游戏重点：

1. 教师提醒幼儿弯腰半蹲，做好出发前准备。

2. 幼儿双手交替把物体运向终点，脚的移动速度要与手的速度一致。

安全保护：

1. 在运送物体过程中，教师要提醒幼儿控制好前进的方向，避免在同向运动中互相碰撞。

2. 提醒幼儿从终点跑回起点时控制好速度。

游戏材料：软飞盘：3个，鳄鱼球：3个，标志线（长棍或长绳）。

场地摆放：

1. 起点放置3个鳄鱼球或3个软飞盘（见图3-3-7、图3-3-8）。

2. 起点和终点放标志线，两标志线间隔6米（见图3-3-7、图3-3-8）。

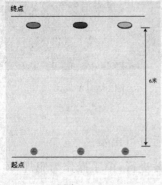
图 3-3-7

图 3-3-8

游戏玩法：

1. 教师将幼儿分成3组。幼儿从起点出发，弯腰半蹲，左右手交替拨鳄鱼球让其慢慢向前滚动；到达终点后，幼儿抱着鳄鱼球跑回起点，将其交给下一名幼儿，下一名幼儿出发（见图3-3-9、图3-3-10）。

2. 增加难度：教师将每组的鳄鱼球收回来，给每组第一名幼儿发放一个软飞盘，幼儿弯腰半蹲，左右手交替将软飞盘慢慢地向前翻；到达终点后，幼儿拿着软飞盘跑回起点,将飞盘交给下一名幼儿(见图3-3-11、图3-3-12)。

图 3-3-9

图 3-3-10

图 3-3-11

图 3-3-12

游戏规则:

1. 每组幼儿返回后,下一名幼儿须与其击掌后方可出发。

2. 幼儿滚鳄鱼球和翻软飞盘时,要左右手交替进行,单手操作为犯规,须重新返回起点游戏。

温馨提示:

1. 选用长方形场地,便于幼儿游戏。

2. 游戏时,可播放节奏较活泼音乐,烘托游戏气氛。

游戏名称:太空漫步

锻炼动作: 平衡力。

游戏目标：

1. 发展幼儿窄道移动的运动技巧，增强幼儿的平衡能力。

2. 提高幼儿的协调性和平衡性。

游戏重点： 幼儿行进时，双臂打开保持平衡，脚踩在障碍物中间。

安全保护：

1. 提醒幼儿要踩在障碍物的中间。

2. 摆放障碍物时，要注意障碍物之间的距离（障碍物的摆放距离可以根据幼儿的能力进行调整）。

游戏材料： 大踩桶：10个，五色盘：2个，过河石：2个，标志桶：2个。

场地摆放：

1. 教师将幼儿分成两组，在每组起点处摆放1块过河石，4个大踩桶（见图3-3-13、图3-3-14）。

2. 在起点处放30个五色盘，终点再摆放2个标志桶（见图3-3-13、图3-3-14）。

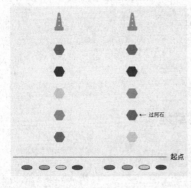
图3-3-13

图3-3-14

游戏玩法：

1. 幼儿被分成两组，听指令同时从起点出发，从踩桶上走过去，到达终点后摸一下标志桶原路返回，下一名幼儿与返回幼儿击掌后出发（见图3-3-15）。

2. 增加难度：幼儿头顶五色盘从起点出发，从踩桶上走过去，到达终点后原路返回，下一名幼儿与返回幼儿击掌后出发（见图3-3-16）。

图 3-3-15　　　　　　　　　　　　图 3-3-16

游戏规则：

1. 每组每次只能有一名幼儿出发，返回击掌后，下一名幼儿开始游戏。

2. 游戏中，若幼儿碰到游戏道具，影响了游戏赛道要主动调整好。

温馨提示：

1. 游戏时，教师提醒幼儿脚踩在障碍物中间，保持身体平衡。

2. 游戏时，可播放轻音乐，舒缓幼儿心情。

四、钻爬

游戏名称：爬草地

锻炼动作： 匍匐前进。

游戏目标：

1. 锻炼四肢及背部肌肉力量。

2. 增强身体的协调性，发展空间感知觉。

游戏重点： 指导幼儿正面和背面匍匐前进时身体应贴近地面，四肢协调发力，屁股和肚子不要碰触标杆。

安全保护：

1. 清空游戏场地，确保地面没有障碍物，保证幼儿安全。

2. 确认标杆与标志桶衔接牢固，避免标杆掉落而砸到幼儿。

游戏材料：标志桶：8个,长标杆：4个,六色盘：若干。

场地摆放：

1. 摆放两列标杆架(2个标志桶和1个长标杆组合成1个标杆架),一列两组(见图3-4-1、图3-4-2)。

2. 在起点线处放置若干六色盘,每个赛道终点处摆放1个标志桶(见图3-4-1、图3-4-2)。

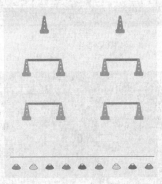

图3-4-1

图3-4-2

游戏玩法：

1. 幼儿从起点处取一个六色盘,肚子着地趴在地面上,双肘支撑,手持五色盘匍匐前进,从标杆架下面通过,把六色盘放到终点的标志桶上后返回(见图3-4-3、图3-4-4)。

2. 增加难度：幼儿从起点处取一个六色盘,仰躺在地面上,手持六色盘匍匐前进,从标杆架下面通过,把六色盘放到终点的标志桶上后返回(见图3-4-5、图3-4-6)。

游戏规则：

1. 教师将幼儿分成人数相等的两组进行游戏,前一名幼儿返回后下一名幼儿出发,比一比哪组幼儿率先完成游戏。

2. 幼儿匍匐前进时,若碰触标杆架则须返回起点重新开始。

图 3-4-3

图 3-4-5

图 3-4-4

图 3-4-6

温馨提示：

1. 游戏道具的组数可按照班级场地情况而定。

2. 也可使用毛球等较软的物品代替五色盘，让幼儿在匍匐前进时压在身下运送，增强游戏的趣味性。

游戏名称：并驾齐驱

锻炼动作： 倒退走、手膝着地爬。

游戏目标：

1. 锻炼幼儿上肢肌肉力量，提高身体的协调性。

2. 通过两人配合进行游戏，提高幼儿合作能力。

游戏重点： 提醒幼儿在两人同时背着体操垫爬行时，需要挺直背部、距离适合、爬行速度相同,才能保证体操垫不掉落。

安全保护:

1. 清空游戏场地,确保地面没有杂物,保证幼儿安全。

2. 幼儿拉着体操垫倒退走时,教师要提醒幼儿保持节奏;坐着的幼儿则要盘腿坐才能控制好重心。

3. 出发时,相互听口令,禁止突然出发,避免坐在体操垫上的幼儿因猝不及防而摔倒。

游戏材料: 体操垫。

场地摆放:

1. 教师标出起点和终点,两者间隔3～4米(见图3-4-7、图3-4-8)。

2. 将体操垫放置在起点处(见图3-4-7、图3-4-8)。

图3-4-7　　　　　　　　　　图3-4-8

游戏玩法:

1. 两名幼儿为一组,一名幼儿盘腿坐在体操垫上,另一名幼儿拉着体操垫。听指令,拉着体操垫的幼儿倒退走到终点,二人互换角色返回起点,即为挑战成功(见图3-4-9、图3-4-10)。

2. 增加难度:两名幼儿并排以手膝着地爬的姿势在起点处准备,教师将体操垫放在幼儿的后背上。两名幼儿爬到终点后返回,要求体操垫不能掉落(见图3-4-11、图3-4-12)。

图 3-4-9　　　　　　　　　　　图 3-4-10

图 3-4-11　　　　　　　　　　　图 3-4-12

游戏规则：

1. 教师将幼儿分成人数相等的两组，幼儿两两组合出发，每名幼儿游戏6～8次即可。

2. 幼儿听指令出发，如果出现幼儿从体操垫上掉落或体操垫从背部掉落的情况，则须返回起点，重新开始游戏。

温馨提示：

1. 游戏结束后，组织幼儿互相按摩胳膊、腿。

2. 提醒幼儿在倒退走时注意身后路况，避免碰撞。

游戏名称：爬上坡、滑下坡

锻炼动作： 斜坡攀爬。

游戏目标：

1. 掌握斜坡攀爬的技巧，提高四肢力量和身体的协调性。

2. 培养坚强勇敢的品质和乐于挑战的精神。

游戏重点： 指导幼儿掌握斜坡攀爬和向下滑行的动作技巧：攀爬时，手臂和腿部协调配合；下滑时，身体躺平，双臂环抱。

安全保护：

1. 清理楼梯上的杂物，检查楼梯扶手并做好相应防护，保证幼儿安全。

2. 随时调整垫子的衔接处，以免幼儿碰到露出的台阶而受伤。

3. 关注幼儿攀爬和向下滑行的过程，特别是下滑时，提醒幼儿掌握滑行速度，不要随意起身和打开双臂。

游戏材料： 厚体操垫：若干。

场地摆放： 在班级就近的楼梯上放置体操垫，要求体操垫之间没有间隙（见图 3-4-13、图 3-4-14）。

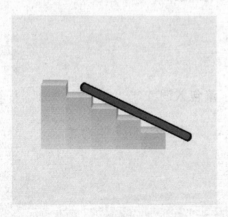 

图 3-4-13　　　　　　　　　　　图 3-4-14

游戏玩法： 幼儿站在起点处，听到开始指令后，手脚并用向上攀爬，到达顶点时改变身体姿势，平躺在体操垫上，身体摆正、双臂环抱方可下滑。滑下后，与下一名幼儿击掌，游戏继续（见图 3-4-15、图 3-4-16）。

游戏规则：

幼儿按顺序依次出发，每名幼儿游戏 6～8 次即可。

图 3-4-15　　　　　　　　　　　图 3-4-16

温馨提示：

1. 对于胆小或能力较弱的幼儿，教师要给予鼓励和帮助。

2. 游戏时，参与人数较多则可能出现等待现象，教师可根据场地情况开展其他室内或楼道内游戏与之结合，缓解等待现象。

五、投掷

游戏名称：滚包入洞

锻炼动作： 下手投掷。

游戏目标：

1. 锻炼上肢肌肉的持久力。

2. 提高手眼协调能力和控制力。

游戏重点： 下手投掷是幼儿单手投掷的一种，教师要指导幼儿掌握正确的投掷动作：投掷时，左脚在前、右脚在后，用右手投掷（打保龄球的姿势），这样才能更好地控制力量。

安全保护： 教师提醒幼儿投掷时，胳膊伸直自然摆动，胳膊肘不可以弯曲，避免沙包打在终点处幼儿的脸上。

游戏材料： 沙包：若干（每人4个），标志桶：2个。

场地摆放：

1. 教师摆出起点和终点,两者间距 3~5 米,终点处放置标志桶,使有孔的底面朝着起点方向(见图 3-5-1、图 3-5-2)。

2. 游戏道具的组数可按照班级场地情况而定(见图 3-5-1、图 3-5-2)。

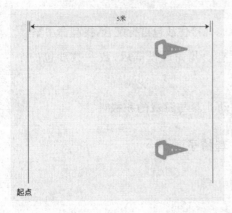 

图 3-5-1　　　　　　　　　　　图 3-5-2

游戏玩法：

1. 教师将幼儿分成人数相等的两组,每组终点处安排一名幼儿扶着标志桶,其他幼儿在起点处排队。

2. 幼儿站在起点线后将沙包投掷到标志桶里(见图 3-5-3、图 3-5-4)。

图 3-5-3　　　　　　　　　　　图 3-5-4

游戏规则：

1. 每名幼儿拿 4 个沙包,第一名幼儿完成 4 次下手投掷后,跑到终点和扶标志桶的幼儿换位置,扶标志桶的幼儿拿着沙包跑回小组的队尾继续游戏。比一比哪组幼儿最先完成交换。

2. 增加难度:固定终点处扶着标志桶的幼儿,组内其他幼儿依次投掷沙包,投进的沙包最多的小组获胜。

温馨提示:

1. 游戏时,扶着标志桶的幼儿可以用标志桶接住沙包进行配合,提高命中率。

2. 游戏增加难度时,终点的幼儿等所有幼儿完成投掷后,数一数沙包的个数,宣布比赛结果。

3. 教师可让幼儿轮流交换角色,提高幼儿参与游戏的积极性。

游戏名称:套椅子

锻炼动作:双手掷准。

游戏目标:

1. 锻炼幼儿上肢和肌肉力量。

2. 提升幼儿手眼协调能力和身体的灵活性。

游戏重点:传递体操圈时,要求幼儿双臂同时发力将体操圈掷出去。

安全保护:

1. 提示幼儿双手投掷体操圈,单手操作容易失误打到前面幼儿的头。

2. 幼儿轮换座位时,全部从右侧起身进行轮换,避免相互碰撞。

游戏材料:体操圈:16个,小椅子:16把。

场地摆放:

1. 将小椅子摆成4列,每列4把,每把小椅子间隔1.5米(见图3-5-5、图3-5-6)。

2. 每列最后拿体操圈的幼儿处为起点。

游戏玩法:

1. 教师将幼儿分成4组,分别坐在小椅子上。

2. 听到开始口令后,最后一名幼儿起立,双手将体操圈套至前面幼儿的身上然后坐下,幼儿依次往前套体操圈进行传递,直到第一名幼儿取下体操圈从右侧跑到起点,其他幼儿则从左侧向前挪动一个座位,起点的幼儿轮换到第一的位置即完成一组游戏(见图 3-5-7、图 3-5-8)。

图 3-5-5

图 3-5-6

图 3-5-7

图 3-5-8

游戏规则:

1. 第一名幼儿取下体操圈从右侧跑到起点,其他幼儿则从左侧向前挪动一个座位。

2. 比一比哪组幼儿率先完成。

3. 每名幼儿游戏 5~8 组即可。

温馨提示:

1. 可以根据班级场地的大小决定椅子摆放的列数。

2. 游戏过程中,教师可让幼儿在小组间轮换位置,使幼儿感受不同空间方位的运动。

游戏名称：攻占高地

锻炼动作：肩上投掷。

游戏目标：

1. 发展幼儿单手肩上投掷的运动技巧。

2. 增强幼儿上肢力量和腰腹肌肉力量。

3. 提升幼儿手眼协调能力和身体协调性。

游戏重点：幼儿投掷前，教师提醒幼儿两脚前后分开，站在投掷线后约一步的距离，单手持球举过头顶，对准目标后将沙包投出。

安全保护：

1. 制作沙包的材料要尽可能柔软，若幼儿被沙包砸到应对其无伤害。

2. 幼儿用身体阻挡沙包时要注意自我保护，提醒幼儿用身体侧面和后背进行阻挡。

3. 捡拾沙包时要提醒幼儿注意身边的幼儿和桌子，小心发生碰撞或者碰头。

游戏材料：小桌子：2张，小椅子：2把，沙包：20个，泡沫砖：20块。

场地摆放：

1. 教师在室内准备一块空场地，在场地两边各摆放一张小桌子，每张小桌子外沿扣一把小椅子（见图3-5-9，图3-5-10）。

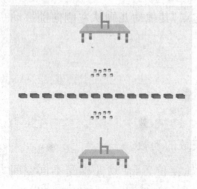

图 3-5-9

图 3-5-10

2. 在场地中间摆一行泡沫砖,将场地分成两边,在每边场地中放10个沙包(见图3-5-9、图3-5-10)。

游戏玩法:

1. 教师将所有幼儿分成若干小组,每组约4~5人。教师先请两组幼儿进入游戏场地,并站在场地两边。

2. 游戏开始后,每组幼儿拿起沙包,向对面的"高地"(小桌子)投掷,同时还要用身体阻挡对方投过来的沙包进入"高地"。投完手中沙包后,幼儿可以用对方投掷过来的沙包再次投掷。

3. 每场比赛时长两分钟。按照循环赛制组织比赛,每个小组要和其他小组分别进行一场比赛(见图3-5-11)。

4. 增加难度:当幼儿投掷能力增强后,可将"高地"规定为扣在小桌子外沿的小椅子,提高投掷准度要求(见图3-5-12)。

图 3-5-11

图 3-5-12

游戏规则:

1. 幼儿只可以在己方场地内捡拾沙包,不可越过中线或从"高地"捡沙包。

2. 以投进对方"高地"内沙包数目最多的小组获胜,如均未投进或投进数目一样则为平局。

3. 每场比赛获胜方积3分,失败方积1分,出现平局双方各积2分。最后计算小组积分高者为最终优胜者;如果出现平分的情况,可以组织加赛。

温馨提示：

1. 最好选用长方形场地；桌子周边不要有杂物，以便幼儿捡沙包。

2. 比赛后，可播放放松音乐，带领幼儿跳操放松。

游戏名称：空中速降

锻炼动作： 投掷。

游戏目标：

1. 帮助幼儿掌握投掷轻物的技巧，提升其定点投掷能力。

2. 提高幼儿上肢力量。

游戏重点： 幼儿能在 3 米的距离外向投掷布投掷，并能控制力量，使投掷物停留在投掷布上。

安全保护：

1. 教师要将晾衣杆两头用布包好，避免划伤幼儿。

2. 游戏前，教师要检查投掷布是否悬挂牢固。

游戏材料： 投掷布：1 块（用旧窗帘改造后在四个角缝上布环），各种投掷球：（羽毛球、乒乓球、毽球、网球、沙包等均可）若干，晾衣杆：2 根。

场地摆放：

1. 选择楼道的一块空地，在其两面墙上事先钉好四个挂钩（每面墙上钉两个挂钩，挂钩的高度为 2.5 米）。

2. 游戏开始前，教师将投掷布的四个角挂在墙上的挂钩上（见图 3-5-13、图 3-5-14）。

3. 在地面上贴出距离投掷布 3 米的投掷线。

游戏玩法：

1. 幼儿站在投掷线上依次将篮子里的各种球投入悬挂的投掷布中，若幼儿能一次投中即换下一名幼儿。每名幼儿有三次投掷机会，若三次都没有投中，也要换下一名幼儿（见图 3-5-15）。

2. 全部幼儿投掷完后，一名幼儿用晾衣杆把全部投掷球顶下来，游戏继续（见图 3-5-16）。

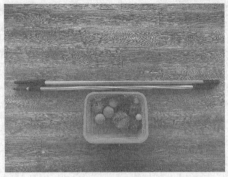

图 3-5-13　　　　　　　　　　　图 3-5-14

图 3-5-15　　　　　　　　　　　图 3-5-16

游戏规则：

1. 可将幼儿分为两组依次投掷，哪组投在投掷布上的投掷球多，哪组即为获胜组。

2. 投掷时，幼儿的脚不能超过投掷线。

温馨提示：

1. 幼儿用晾衣杆顶下布上的投掷球时，注意不要碰到其他幼儿，必要时可请教师帮忙。

2. 提醒队伍中第二名幼儿与第一名幼儿保持距离，以免碰伤。

六、视觉追踪

游戏名称：桌球大战

锻炼动作： 四肢敏捷度。

游戏目标： 锻炼幼儿敏捷性，提升反应速度。

游戏重点：

1. 游戏时，教师指导幼儿利用肘关节带动小臂发力，将沙包推出。

2. 游戏难度增加时，教师提醒幼儿双手扶住桌面，身体直立向前倾，并指导幼儿根据同伴的动作预判球的方向，控制腿部力量，用小腿带动将球踢出。

安全保护：

1. 游戏过程中，教师提醒幼儿站在自己的位置上并与同伴保持距离，提醒幼儿挥小臂时动作不要过大。

2. 游戏难度增加时，教师提醒幼儿要控制踢腿力量和高度，以免伤到同伴。

游戏材料： 泡沫砖：同人数，沙包：3个，桌子：6张，鳄鱼球：3个。

场地摆放： 每组将两张桌子拼在一起，幼儿6~8人自由结组，围在桌边的各个方向，中间放置一个沙包（见图3-6-1、图3-6-2）。

图 3-6-1

图 3-6-2

游戏玩法：

1. 请每名幼儿手拿一块泡沫砖围桌准备，听到口令后，幼儿互相用泡沫砖推击沙包，每 10 次为一轮，将沙包掉在地上的幼儿挑战失败。挑战失败的幼儿头顶着泡沫砖唱一首儿歌（见图 3-6-3、图 3-6-4）。

图 3-6-3　　　　　　　　　　图 3-6-4

2. 增加难度：请幼儿围桌准备，听到口令后，幼儿用脚踢桌下的鳄鱼球，鳄鱼球碰到谁，谁再迅速踢回去，鳄鱼球滚出桌下则游戏重新开始。每 10 次为一轮（见图 3-6-5、图 3-6-6）。

图 3-6-5　　　　　　　　　　图 3-6-6

游戏规则：

1. 桌面游戏时，幼儿要站在指定位置，双脚分开（与肩同宽），游戏时保持不动。

2. 游戏难度增加时，幼儿只能用脚预判球的方向，不能低头看球。

温馨提示：

1. 游戏中，幼儿要注意根据教师口令随时变换站位，以此感受不同空间方位运动，锻炼预判性。

2. 大班幼儿好胜心强，喜欢分胜负。教师可以引导幼儿自主选择记分方式，分出胜负。

游戏名称：找卡片

锻炼动作： 视觉追踪。

游戏目标：

1. 让幼儿练习在头部保持不动的情况下，用眼睛追踪移动的物体。

2. 提高注意力和预防近视。

游戏重点： 在游戏过程中，教师提醒幼儿头部保持不动，用眼睛追踪移动的卡片。

安全保护： 在游戏的过程中，教师提醒幼儿坐好，不要左右晃动小椅子。

游戏材料： 桌子，椅子，不同图案的卡片。

场地摆放：

1. 将桌子按适当的间隔摆好。

2. 在每张桌子的一侧长边摆放3把椅子，桌面上放3张不同图案的卡片。（见图3-6-7、图3-6-8）。

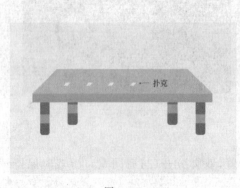

图 3-6-7

图 3-6-8

游戏玩法：

1. 将幼儿按四人一组进行分组，其中的三名幼儿坐在小椅子上，另一名幼儿站在桌子的另一端当荷官（见图3-6-9）。

2. 荷官先请坐着的幼儿每人选一张卡片，并熟记卡片上的图案。

3. 荷官将3张卡片正面朝上依次放在桌子上，然后快速挪动卡片使其变换位置，坐着的幼儿则用眼睛追踪自己选好的那张卡片（见图3-6-10）。

图3-6-9　　　　　　　　　　　　　　图3-6-10

游戏规则：

1. 荷官快速挪动卡片使其变换位置后，请坐着的幼儿快速找到自己选好的卡片，并指认出来。

2. 连续3次选择正确后，幼儿轮换角色。

3. 每个幼儿可当3～5次荷官。

温馨提示：

1. 荷官是指负责挪动卡片的幼儿。

2. 教师可根据幼儿的游戏情况适当增加卡片的数量。

游戏名称：抢沙包

锻炼动作： 视觉追踪、上肢力量、腿部爆发力。

游戏目标：

1. 提升幼儿眼球转动能力和专注力。

2. 培养幼儿听到信号快速反应并做出相应决策的能力。

游戏重点：

1. 游戏时，指导幼儿双膝跪地、双手撑地。

2. 听到口令出发时，幼儿注意控制自己的身体。

3. 游戏难度增加时，指导幼儿单膝跪地、双手撑地，另一条腿向后伸直做准备动作，提示幼儿注意保持身体平衡。

安全保护：

1. 游戏前，教师检查场地，保证地面没有杂物，以免划伤幼儿皮肤。

2. 幼儿膝盖接触地面，可放置垫子，以免幼儿膝盖磨损受伤。

3. 抢沙包时，提醒幼儿注意躲避，以免双方碰头受伤。

游戏材料： 沙包：若干，小呼啦圈：1个。

场地摆放：

1. 场地中间放置一个小呼啦圈，圈内放置沙包。在小呼啦圈两边1.5米处各画一条标志线（见图3-6-11、图3-6-12）。

2. 标志线中间放置一个沙包，如果两组幼儿同时进行游戏，则放置两个沙包，以此类推（见图3-6-12）。

图 3-6-11

图 3-6-12

游戏玩法：

1. 两名幼儿为一组，做双膝跪地、双手撑地姿势，听到口令后，双方同时从标志线出发，比比谁先抢到沙包。10次比赛后，累计拿到沙包次数最多的一方获胜(见图 3-6-13、图 3-6-14)。

图 3-6-13

图 3-6-14

2. 增加难度①：请幼儿单膝跪地、双手撑地，另一条腿向后伸直做准备，游戏中保持身体平衡，听到口令后，双方同时从标志线出发，比比谁先抢到沙包。10 次比赛后，累计拿到沙包次数最多的一方获胜(见图 3-6-15、图 3-6-16)。

图 3-6-15

图 3-6-16

3. 增加难度②：请幼儿以俯卧撑的姿势做准备，听到口令后，双方同时从标志线出发，比比谁先抢到沙包。10 次比赛后，累计拿到沙包次数最多的一方获胜(见图 3-6-17、图 3-6-18)。

游戏规则：

1. 幼儿按照指定动作准备好，向小裁判示意，游戏即可开始。
2. 听到小裁判口令后才可出发，不能抢跑。
3. 幼儿单手抢到沙包算获胜，每次记 1 分。

图 3-6-17　　　　　　　　　　　图 3-6-18

温馨提示：

1. 大班幼儿有了一定的规则意识和竞争意识，游戏时可设置记分牌，由每组幼儿自己记录，也可请小裁判记录。

2. 游戏中，两名幼儿距离较近时，教师应及时提醒幼儿控制自己身体，避免双方碰撞。

七、综合类

游戏名称：翻山越岭

锻炼动作：匍匐前进、抛掷、仰卧举腿。

游戏目标：

1. 发展幼儿上下肢和腰腹力量。

2. 提高幼儿匍匐前进的速度、身体平衡能力和柔韧性。

游戏重点：游戏时，教师注意观察幼儿完成各种基本动作情况，必要时给予提示和帮助。

安全保护：

1. 教师用桌椅摆出爬行桥和平衡桥时，要确保桌椅稳定和牢固，保证游戏安全性。

2. 幼儿爬越平衡桥和穿过"隧道"时，教师提醒幼儿保持距离，注意安全。

游戏材料：桌子：若干，椅子：若干，地垫：若干，沙发靠垫：若干，飞盘：若干。

场地摆放：

1. 利用室内较空旷的场地，用若干桌椅拼出高低起伏的爬行桥区（见图3-7-1、图3-7-2）。

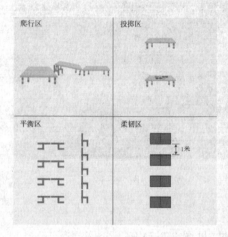

图3-7-1　　　　　　　　　　　图3-7-2

2. 将两张桌子间隔3米摆放作为飞盘抛掷区，在其中一张桌子上摆放若干飞盘（见图3-7-3）。

3. 将两把小椅子面对面放倒后椅背对齐，摆成隧道区（根据场地大小决定隧道组数）（见图3-7-4）。

图3-7-3　　　　　　　　　　　图3-7-4

4. 用若干小椅子摆出平衡桥区,小椅子之间可设置10厘米的间距,增加游戏难度(见图3-7-5)。

5. 摆放四块地垫(每块间隔50厘米),作为传递靠垫区(见图3-7-6)。

图 3-7-5

图 3-7-6

游戏玩法:

1. 四名幼儿为一组依次从爬行桥爬过(见图3-7-7)。

2. 幼儿通过爬行桥后来到桌子边,拿起飞盘,抛到另一张桌子上(见图3-7-8)。

图 3-7-7

图 3-7-8

3. 幼儿俯身依次从隧道爬过,然后从平衡桥上跨过(见图3-7-9、图3-7-10)。

4. 幼儿分别躺在四块地垫上,第一名幼儿躺下后,用双脚夹住沙发靠垫,做仰卧举腿的动作向后传递,下一名幼儿用脚接住靠垫后,再依次向后传,直到传完四个靠垫为止(见图 3-7-11)。

图 3-7-9

图 3-7-10

图 3-7-11

游戏规则：

1. 幼儿从桥上掉下或俯身爬过隧道动作不标准时,重新开始游戏。

2. 四名幼儿在靠垫区完成传递后,整个游戏结束,闯关成功。

温馨提示：

1. 游戏中,教师应随时关注幼儿游戏情况。必要时,为不能完成动作的幼儿提供帮助。

2. 游戏速度不宜过快,教师应强调幼儿完成的成功度。

游戏名称：伞兵训练日

锻炼动作：身体平衡。

游戏目标：

1. 发展幼儿下肢和腰腹力量。
2. 提升幼儿的平衡能力和协调性。

游戏重点：使用小椅子作为锻炼器材，简单实用。

安全保护：

1. 选用四脚平稳着地的小椅子。
2. 教师随时观察幼儿动作，并提醒幼儿做动作时注意安全。

游戏材料：椅子：同人数，靠垫：1个。

场地摆放：

1. 在教室中准备一块空地。
2. 引导幼儿将小椅子整齐摆放在空地（见图3-7-12、图3-7-13）。

图3-7-12　　　　　　　　　图3-7-13

游戏玩法：

1. 坐飞机：幼儿坐在小椅子上，双腿绷直离地，胳膊平举，保持平衡（见图3-7-14）。
2. 开飞机：幼儿趴在小椅子上，手脚离地（见图3-7-15）。

图 3-7-14　　　　　　　　　　　　图 3-7-15

3. 伞兵速降：幼儿双脚踩在小椅子上，双脚跳下。

4. 金鸡独立：幼儿站在椅子上，单脚支撑（见图 3-7-16）。

5. 幼儿围坐成一个大圆圈，用双脚夹物传递（见图 3-7-17）。

图 3-7-16　　　　　　　　　　　　图 3-7-17

游戏规则：完成所有挑战即闯关成功。

温馨提示：

1. 注意观察幼儿的游戏状态，游戏氛围比较躁动时，可暂停一会儿。
2. 配合播放与飞行有关的音乐，营造游戏氛围。

游戏名称：身体总动员

锻炼动作：钻爬、支撑、跳跃、绕圈跑等。

游戏目标：

1. 锻炼幼儿四肢力量。

2. 锻炼幼儿身体灵活性和协调性。

游戏重点：

1. 本游戏为全身性运动游戏，且均为徒手活动，易于开展。

2. 教师可分工站在不同区域，对幼儿完成动作进行提示和指导。

安全保护：

1. 躺在地上的幼儿要保持稳定，不能随意滚动或移动位置。

2. 跳过躺在地上的幼儿时，注意不要踩到。

3. 绕着幼儿跑动时要注意安全。

4. 教师随时观察幼儿状况，出现危险行为时应立即制止。

游戏材料： 无。

场地摆放： 无。

游戏玩法：

1. 第一组幼儿躺在地上，双腿绷直，双手交叉放在脑后，幼儿间隔1米；第二组幼儿从躺着的幼儿身上跳过去（见图3-7-18）。

2. 第二组幼儿依次跳过后，第一组幼儿手脚撑地变成"拱形门"，第二组幼儿从"拱形门"钻过去（见图3-7-19）。

图 3-7-18

图 3-7-19

3. 第二组幼儿依次钻过后，第一组幼儿站立，胳膊平举且手拉手，第二组幼儿绕着第一组幼儿跑(跑时要从胳膊下钻过)(见图3-7-20)。

4. 两组幼儿互换角色。

图 3-7-20

游戏规则：

必须按照顺序完成动作,小组成员依次完成所有动作后,才算成功。

温馨提示：

1. 游戏中同时游戏的幼儿较多,游戏之前一定讲好规则。

2. 游戏时,可播放轻音乐,营造愉悦的游戏氛围。

游戏名称：单脚怪兽

锻炼动作： 单脚跳。

游戏目标：

1. 发展幼儿单脚跳的能力,提升单脚跳时身体的稳定性。

2. 增强幼儿下肢肌肉力量和身体协调性。

游戏重点： 提醒幼儿单脚跳时前脚掌着地后,腿自然屈膝。

安全保护：

1. 游戏前,检查幼儿穿的鞋子是否柔软合脚。

2. 提醒幼儿单脚跳时控制好节奏,保持身体平衡。

游戏材料： "跳房子"场地,沙包:1个。

场地摆放：在楼道里用即时贴贴出"跳房子"的场地（见图3-7-21、图3-7-22）。

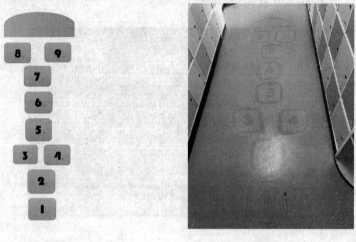

图3-7-21　　　　　　　　　　图3-7-22

游戏玩法：

1. 4~6名幼儿为一组进行游戏，幼儿排队站在"跳房子"场地的起点，即数字"1"的前面。第一名幼儿将手里的沙包扔在数字"1"的格子里，越过数字"1"的格子，单腿落地跳入数字"2"的格子，并依次按照数字顺序跳到数字"9"。跳跃时，一只脚只能踩一个格子。遇到数字"3、4""8、9"时双脚同时落地，再折返跳回。跳回时，单脚落在数字"2"的格子里，将身体稳定好后捡起数字"1"格子里的沙包，然后越过刚才放沙包的格子，直接跳回起点（见图3-7-23）。

2. 第一名幼儿跳完数字"1"后将沙包传递给第二名幼儿，第二名幼儿将沙包扔在数字"2"的格子里，幼儿单腿跳入没有沙包的格子里，跳到数字"8、9"再折返跳回，跳回后捡起数字"2"里的沙包，跳过数字"2"后，再跳回起点，将沙包传递给下一名幼儿。游戏以此类推，直到最后一名幼儿跳定，游戏结束（见图3-7-24）。

游戏规则：

1. 在跳格子时，幼儿的脚一定要跳到格子里面；如果跳到格子外面或者踩到格子边框，换下一名幼儿继续游戏。

2. 幼儿将沙包扔到格子里时，要扔到相应数字格子里；如果扔到格子外面或者压住格子边缘,换下一名幼儿继续游戏。

3. 捡沙包时,幼儿要单脚落地,保持身体平衡,另一只脚不可以落地(落地即算该名幼儿游戏失败),换下一名幼儿继续游戏。

4. 以计分的形式分组比赛,比一比同样的时间内,哪一组越过的格子里的数字最大。

图 3-7-23

图 3-7-24

温馨提示:如果组织中班幼儿进行游戏,教师可将格子中的数字用相应的圆点代替。

第三章 幼儿室内体操

一、唤醒柔韧操

柔韧性是指身体活动时,关节、肌肉、肌腱和韧带的活动范围或伸展能力,是身体健康素质的重要组成部分。幼儿柔韧性练习的主要目的:通过适当地锻炼和活动幼儿身体各部位的关节、韧带和肌肉,增强关节周围肌肉的力量,使肌腱和韧带更加牢固,从而增强关节的牢固性,同时还能提高幼儿中枢神经系统对肌肉的调节功能,改善肌肉之间的协调性。

依据幼儿柔韧度的发展规律,我园结合各年龄段幼儿身体和心理特点,编排了此套唤醒柔韧操。操节充分利用幼儿午睡醒来的时间,进行床面操节活动,在唤醒幼儿身体各机能的同时,提高幼儿的柔韧度。

(一) 编排依据

由于幼儿关节的臼窝较浅、肌肉的弹性较好,所以年龄越小,幼儿柔韧性越好。3～6岁幼儿骨骼肌韧性大、弹性好,关节的灵活性强,这为以后完成各种动作奠定了基础。适当的柔韧性练习可以帮助幼儿保持较好的柔韧素质。因此,本操节依据幼儿时期柔韧的基本动作特点,遵循由轻到重、由低到高、先拉后压、由近及远和循序渐进的规律,编排了小、中、大班各年龄段操节动作。练习操节动作时不可用力过猛,注意拉伸力量的强度、重复次数和练习时间等要素。

(二) 教学实操

1. 小班唤醒柔韧操

(1) 动作要领

在动作编排上,利用压腿、压肩、坐位体前屈等简单的动作,帮助幼儿掌握坐位体前屈的前期练习。

- 坐位体前屈，双手划船动作要领：平坐在床面，双腿伸直并拢，绷脚尖，手臂垂直放身体两侧。手臂从后向前环绕一周，带动腰部尽力向前伸，抱住脚尖（见图3-1-1、图3-1-2、图3-1-3）。

图 3-1-1

图 3-1-2

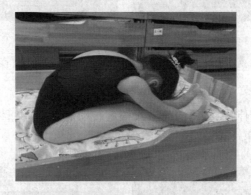

图 3-1-3

（2）教学实操

第 1 个八拍

第①～⑤拍：平躺在床面。

第⑥拍：双手握拳，轻放在眼睛上，顺时针轻揉眼睛。

第⑦～⑧拍：双臂向上伸直，十指相扣转动手腕三次，十指打开向内侧转动肘部三次。

第 2 个八拍

第①~②拍:双手举过头顶,掌心外翻,十指相扣,双臂向后方压肩三次。

第③拍:双手伸直放回身体两侧。

第④~⑤拍:吸右腿,双手扶住膝盖向胸前按压,腿伸直放回原来的位置。左腿动作与右腿动作相同(见图3-1-4)。

第⑥~⑦拍:吸双腿,双手扶住膝盖向胸前按压,停留后双腿伸直回原位。

 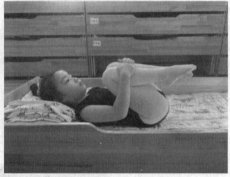

图 3-1-4　　　　　　　　　　　图 3-1-5

第⑧拍:起身坐立,上身保持直立,双腿并拢伸直,贴紧床面。

第 3 个八拍

第①拍:左手伸直,从后向前最大幅度转动肩臂后放回体侧。右手与左手动作相同(见图3-1-6、图3-1-7、图3-1-8)。

图 3-1-6　　　　　　　　　　　图 3-1-7

图 3-1-8

第②拍：双手伸直，从后向前最大幅度转动肩臂后用手抓住脚尖，双腿不能弯曲。

第③～④拍：动作同①～②拍。

第⑤拍：转身跪坐，屁股坐在脚后跟上；同时，上身趴在床面上，双臂向头顶方向延伸，向下压肩。

第⑥拍：屁股离开脚后跟，伸直双腿，双手向前移动至伸直，使全身俯卧在床面上。

第⑦拍：双手慢慢推起上身，双腿与床面保持平行，身体向后移动，压后腰（见图 3-1-9）。

图 3-1-9

小班柔韧
唤醒操视频

小班柔韧
唤醒操配乐

第⑧拍：收腿跪坐，上身保持直立，重心在脚后跟处，直到音乐结束。

2. 中班唤醒柔韧操

（1）动作要领

在编排操节时，利用侧压腿、正压踢腿、大腿外侧压腿、坐位体前屈等动作，提升幼儿身体的柔韧性。

- 扭身侧压腿，身体保持平躺状态，腰腿同时侧转，同侧手可帮忙按压膝盖（见图3-1-10）。
- 腰部练习。"小燕飞"动作要领：脸部朝向地面，双臂以肩关节为支撑点，轻轻抬起，手臂向上的同时轻轻抬头，双肩向后向上收起。

图 3-1-10

（2）教学实操

第1个八拍

第①拍：掀开一侧的小被子。

第②拍：坐起来转身整理自己的小枕头。

第③拍：平躺回床面。

第④拍：双手握拳，轻放在眼睛上，顺时针轻揉眼睛。

第⑤拍：双手伸直向头上方拉伸后，放回身体两侧。

第⑥～⑦拍：双臂向上伸直，十指相扣转动手腕三次，十指打开向内侧转动肘部三次。

第⑧拍：双手伸直放回身体两侧。

第 2 个八拍

拍①~④拍：吸右腿，脚腕外侧放在左腿膝盖上向外压腿，停留后收腿伸直。左腿动作与右腿相同（见图 3-1-11、图 3-1-12）。

图 3-1-11　　　　　　　　　　　　图 3-1-12

拍⑤~⑥拍：右腿绷直向上踢腿后收回，踢腿时膝盖不能弯曲，左腿与右腿动作相同。

拍⑦~⑨拍：吸左腿，脚腕内侧放在右腿膝盖上；同时，右手扶在左腿膝盖上向右扭动胯部按压停留，收腿伸直。右腿动作与左腿相同（见图 4-1-13）。

第 3 个八拍

第①拍：起身坐立，上身保持直立，双腿并拢伸直、贴紧床面，脚尖自然分开，手放身体两侧。

第②~⑤拍：双臂并拢向前平伸，掌心向下，上体前屈，指尖匀速前移至不能移动为止，复原姿势后再重复三次。

第⑥~⑦拍：转身跪坐，屁股坐在脚后跟上，同时上身趴在床面上，双臂向头顶方向延伸，向下压肩。

第⑧拍：屁股离开脚后跟，伸直双腿，双手向前移动至伸直，使全身俯卧在床面上。

图 3-1-13

第 4 个八拍

第①～③拍：双手慢慢推起上身，双腿与地面保持平行，身体向后移动，压后腰。

第④拍：双手向前移动至伸直，使全身俯卧在床面上。

第⑤～⑦拍：双臂与双腿向上抬起的同时轻轻抬头，尽量让肋骨和腹部支撑身体，共做三次后俯卧在床面上（见图 3-1-14、图 3-1-15）。

图 3-1-14　　　　　　图 3-1-15

第⑧拍：双手慢慢推起上身，收腿跪坐，上身保持直立，重心在脚后跟上，直到音乐结束。

中班柔韧　　　　　中班柔韧
唤醒操视频　　　　唤醒操配乐

3. 大班唤醒柔韧操

（1）动作要领

在编排操节时，动作难度加大，通过大腿外侧压、吸腿压胯、前压腿、拉伸外侧手臂、压肩、转动肩臂、单/双腿坐位体前屈、横叉压腿等动作，提高幼儿身体的柔韧性。

• 吸腿压胯，将身体与腿同时卷起，放在膝盖上的一条腿要用力向外压，同时双手抱腿将上身卷起，使胯部得到拉伸（见图3-1-16、图3-1-17）。

图 3-1-16　　　　　　　　　　图 3-1-17

• 肩胛伸展，双腿跪坐床面，身体挺直。左手臂伸直穿过身体，右手小臂夹住左手臂向后拉伸，使肩膀肌肉绷紧（见图3-1-18）。换边重复相同动作。

图 3-1-18

(2) 教学实操

第 1 个八拍

第①拍：掀开一侧的小被子。

第②拍：坐起来转身整理自己的小枕头。

第③拍：平躺回床面。

第④拍：双手握拳，轻放在眼睛上，顺时针轻揉眼睛。

第⑤拍：双手伸直向头上方拉伸后，放回身体两侧。

第⑥~⑦拍：双臂向上伸直，十指相扣转动手腕三次，十指打开向内侧转动肘部三次。

第⑧拍：双手伸直放回身体两侧。

第 2 个八拍

第①~②拍：吸右腿，脚腕外侧放在左腿膝盖上向外压腿，停留后收腿伸直，左腿动作与右腿相同。

第③~④拍：右腿绷直向上踢腿后收回，踢腿时膝盖不能弯曲，左腿与右腿动作相同。

第⑤~⑧拍：吸腿压胯，身体与腿同时卷起，放在膝盖上的左腿用力向外压；同时，双手抱住双腿将上身卷起，胯部用力拉伸。右腿与左腿动作相同（见图 3-1-19、图 3-1-20、图 3-1-21）。

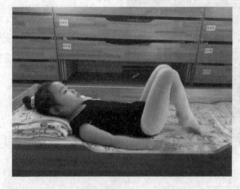

图 3-1-19

图 3-1-20

图 3-1-21

第 3 个八拍

第①拍：收腿跪坐，上身保持直立，重心在脚后跟处。

第②~③拍：左手臂伸直穿过身体，右手小臂夹住左手臂向后拉伸，使肩膀肌肉绷紧后收回（见图 3-1-22、图 3-1-23）。换边重复相同动作。

图 3-1-22　　　　　　　　　　　　图 3-1-23

第④~⑤拍：上身趴在床面上，双臂向头顶方向延伸，向下压肩。

第⑥~⑧拍：起身跪坐，双手指尖扶在肩膀上，向前大幅度地转动肩部一个八拍后，再向后转动一个八拍。

第 4 个八拍

第①~②拍：单腿坐位体前屈，上身保持直立；左脚伸直，右脚弯曲平放，双臂并拢向前平伸，掌心向下；上体前屈，指尖匀速前移至不能移动为止（见图 3-1-24、图 3-1-25）。

图 3-1-24　　　　　　　　图 3-1-25

第③～④拍：动作同①～②，但方向相反。

第⑤～⑥拍：双腿伸直,脚跟并拢,脚尖自然分开；双臂并拢向前平伸,掌心向下；上体前屈,指尖匀速前移至不能移动为止。

第⑦拍：双腿分开,平行于床面,上身保持直立。压左腿时,上身尽量贴在左腿上,双手抱住左腿脚尖,膝盖不能弯曲,停留 2～3 秒后还原。

第⑧拍：压右腿时,上身尽量贴在右腿上,双手抱住右腿脚尖,膝盖不能弯曲,停留 3 秒后还原。

第 5 个八拍

第①～②拍：身体慢慢向前,平行于床面；双手打开扶住双脚脚尖,双腿膝盖不能弯曲,停留 3～5 秒后收回(见图 3-1-26)。

第③～⑧拍：收腿跪坐,上身保持直立,重心在脚后跟处,直到音乐结束。

图 3-1-26

大班柔韧　　　大班柔韧
唤醒操视频　　唤醒操配乐

（三）温馨提示

教师须营造轻松的起床氛围，利用舒缓的音乐和温柔的声音唤醒幼儿，并进行礼貌交流，如："小朋友们，下午好"，幼儿回应："老师，下午好"。配班教师慢慢拉开窗帘，并逐一开灯。

此套唤醒柔韧操根据《幼儿园教育指导纲要（试行）》中幼儿身体发展的特点进行编排。在配乐方面，我们选择了同曲但用不同乐器演奏的背景音乐，希望幼儿在熟悉的音乐声中，逐渐清醒并进行柔韧练习。在实施初期，可由教师示范动作，并加以语言提示，指导幼儿掌握标准动作；在实施后期，幼儿熟悉动作后，教师可进行针对性的个别指导，也可以根据本班幼儿的实际情况进行改编，从而促进幼儿的全面发展。

二、椅子模仿操

幼儿园器械操是指幼儿利用器械进行的操节活动，因为有了器械的运用，操节的动作便更富变化、更有趣味，深受幼儿喜爱。所以，根据幼儿肌肉、骨骼、神经系统的发展特点，我们编排了辅助器械操——椅子模仿操，该操节动作简单易学、生动形象、舒展大方，并能起到一定的锻炼身体的作用。

（一）编排依据

在操节的编排上，根据小班年龄特点和身体发展规律，遵循全面性、顺序性和适宜性的原则，动作由小到大、由慢到快、由易到难，逐渐增加运动量。在音乐的选择上，根据幼儿的兴趣点，选用了节奏鲜明、欢乐活泼的音乐。解说词与动作保持一致，符合小班爱模仿的特点。希望通过游戏化、趣味化的操节，让幼儿发展动作，提升幼儿体能，使其获得愉快的体验。

（二）教学实操

1. 小黄鸭——头部运动

准备姿态：幼儿坐在椅子上，上身直立，双脚全脚掌着地；手臂在身体两侧斜下45度伸直。

歌谣：嘎 嘎 嘎嘎嘎

第 1 个八拍

第①~④拍：坐立位，点头两次。

第⑤~⑧拍：坐立位，仰头两次（见图 3-2-1、图 3-2-2）。

图 3-2-1　　　　　　　　　　　图 3-2-2

歌谣：我是一只小黄鸭

第 2 个八拍

第①~④拍：坐立位，头向左肩倾倒两次（见图 3-2-3）。

第⑤~⑧拍：头经过刚才的路径，反向还原成准备姿势（见图 3-2-4）。

图 3-2-3　　　　　　　　　　　图 3-2-4

歌谣：左摇摇，右摆摆

第 3 个八拍

第①~④拍：低头，头向左画四分之一个圆。

第⑤～⑧拍：头部经过刚才的路径还原成准备姿态。

歌谣：走起路来嘎嘎嘎

第4个八拍

第①～④拍：低头，头向右画四分之一个圆。

第⑤～⑧拍：头经过刚才的路径反向还原成准备姿态。

2. 大螃蟹——胸部运动

准备姿态：幼儿坐在椅子上，上身直立，双脚全脚掌着地。

歌谣：一只大螃蟹，八呀八只爪

第1个八拍

第①～②拍：双手在胸前，指尖相对（见图3-2-5）。

第③～④拍：大臂平举，小臂与大臂成90度，手掌朝前，指尖向上，五指张开。小臂方向向上，五指张开（见图3-2-6）。

图 3-2-5　　　　　　　　　　　图 3-2-6

第⑤～⑧拍：保持③④拍的动作，身体按节拍拉动侧腰肌，左右倒四下（见图3-2-7）。

歌谣：大摇又大摆，横着走天下

第2个八拍

第①～④拍：两臂保持第1个八拍中第③～④拍动作，两臂在体前开合扩胸。

第⑤～⑦拍：双手握拳胸前屈肘，体前扩胸。

图 3-2-7

第⑧拍:还原。

3. 熊宝宝——伸展运动

准备姿势:幼儿坐在椅子上,上身直立,双脚并拢,全脚掌落地,双手自然放在大腿上。

歌谣:我是熊宝宝,喜欢睡懒觉

第 1 个八拍

第①~②拍:双臂胸前曲肘,双手放在胸前。

第③~④拍:双手从两侧向上划半圆至头顶(见图 3-2-8、图 3-2-9)。

图 3-2-8

图 3-2-9

第⑤~⑥拍:两手掌心合并,下拉至左脸旁。

第⑦~⑧拍:双手向左倾斜,头向左偏脸贴手背,姿态如睡觉(见图 3-2-10)。

图 3-2-10

歌谣:两只圆耳朵,身体胖胖的

第 2 个八拍

第①~④拍:双手握拳,手臂经身体两侧到大臂平举,小臂 90 度弯曲。

第⑤拍:由弯曲到自然上举。

第⑥拍:还原到第④拍。

第⑦拍:同第⑤拍。

第⑧拍:还原坐立位。

歌谣:走呀走一走,摇呀摇一摇 咕噜 咕噜转个圈,我的身体真正好

第 3 个八拍

第①~②拍:双手叉腰,随音乐原地踏步两次(见图 3-2-11)。

图 3-2-11

第③~④拍：两手握拳，拳眼朝内，屈肘小臂平行胸前，做转体动作，左右各两次（见图3-2-12）。

图 3-2-12

第⑤~⑧拍：动作同第①~④拍。

4. 大象伯伯——腹背运动

准备姿势：幼儿坐在椅子上，上身直立，双脚并拢，全脚掌着地。

歌谣：大象伯伯也来了，卷起鼻子喝水了

第1个八拍

第①~②拍：双腿向两侧分开。

第③~④拍：俯身，双手伸直，在体前击掌后仰头（见图3-2-13、图3-2-14）。

图 3-2-13

图 3-2-14

第⑤~⑧拍：两臂伸直，左右摇摆一次，从体前中正位至仰头。

歌谣：长长的鼻子本领大，还能用来洗澡了。

第2个八拍

第①~④拍：动作同第1个八拍中的第①~④拍。

第⑤~⑧拍：动作相同，方向相反（见图3-2-15、图3-2-16）。

图3-2-15

图3-2-16

5．大花猫——体转运动

准备姿势：幼儿坐在椅子上，上身直立，双脚并拢，全脚掌着地。

歌谣：喵喵，喵喵喵，我是一只大花猫

第1个八拍

第①~②拍：向左转体，手臂体前扩胸，五指张开，手臂体前扩胸（见图3-2-17）。

图3-2-17

第③~④拍：动作同第①~②拍，方向相反。

第⑤~⑥拍：身体中正位，五指张开，双臂体前扩胸。

第⑦~⑧拍：双臂经体前画圈至身体两侧，起立(见图 3-2-18、图 3-2-19)。

图 3-2-18

图 3-2-19

歌谣：脚步轻又轻，安静别吵闹

第 2 个八拍

第①~④拍：足尖步绕椅子一周，双臂体侧微张，五指分开，学猫走路(见图 3-2-20)。

图 3-2-20

第⑤~⑥拍：在椅子前立正站好，右手背后，右食指竖在嘴前，做"嘘"的动作。

第⑦~⑧拍：还原坐立位。

6. 小老鼠——跑步运动

准备姿势：幼儿上身直立，双脚全脚掌着地。

歌谣：小老鼠，吱吱叫，看见花猫赶紧跑

第1个八拍

第①～⑧拍：起立屈膝半蹲，手部动作模仿小老鼠，小碎步逆时针绕椅子跑一周，面朝前方，在小椅子前、左、右、后四个方向稍做停留，回到椅子前（见图3-2-21）。

图 3-2-21

歌谣：跑呀跑，跑呀跑，别让花猫逮着了

第2个八拍

第①～④拍：屈膝半蹲，手部动作模仿小老鼠，小碎步原地跑。

第⑤～⑦拍：绕椅子跑一圈，双手握拳体侧摆臂。

第⑧拍：还原坐立位。

7. 大老虎——下肢运动

准备姿势：幼儿坐在椅子上，上身直立，双脚并拢全脚掌着地。

歌谣：嗷嗷，大老虎，一扑一扑稳稳地

第1个八拍

第①～④拍：五指张开，屈肘，伸左手抬右脚，先左后右做两组（见图3-2-22）。

第⑤～⑧拍：两手掌心向外，手指稍弯成爪牙式，两腿向侧前方迈开，双臂和双腿同时开合两次（见图3-2-23）。

图 3-2-22　　　　　　　　图 3-2-23

歌谣：左看看，右看看，肚子饿了找吃的

第 2 个八拍

第①～④拍：双手成 OK 手势，上举至眼前画圈，伸左脚，脚跟着地；同时，向左转身 45 度（见图 3-2-24）。右边动作同左侧，还原。

图 3-2-24

第⑤～⑧拍：两臂伸直，双手从胸前由内向外转一圈到肚子前，按节拍在肚子前转两圈。

8. 小青蛙——全身运动

准备姿势：幼儿坐在椅子上，上身直立，双脚并拢全脚掌着地。

歌谣：小青蛙，出来了

第 1 个八拍

第①～②拍：左手体前画圆至大臂抬平屈肘位，五指张开（见图 3-2-25、图 3-2-26）。

图 3-2-25　　　　　　　　　　图 3-2-26

第③~④拍：动作同前两拍，方向相反。

第⑤~⑧拍：双手体前交叉，两臂画圆至身体两侧。

歌谣：张大嘴巴呱呱叫

第 2 个八拍

第①~④拍：张开左臂，同时左腿迈向侧前方。

第⑤~⑧拍：双臂与双腿按节拍同时开合两次。

歌谣：蹦一蹦，跳一跳，钻进水里不见了

第 3 个八拍

第①~④拍：双臂同时从两侧斜 45 度上举，五指张开，两腿迈向侧前方，脚跟着地（见图 3-2-27）。按节拍手脚伸出、收回两次。

图 3-2-27

第⑤~⑥拍：上身下屈，双手掌心向下，身体前倾直立（见图 3-2-28、图 3-2-29）。

图 3-2-28　　　　　　　　　　　图 3-2-29

第⑦拍：两手掌心向外，做摆手状。

第⑧拍：胸贴大腿，埋头抱膝（见图 3-2-30）。

图 3-2-30

小班椅子操视频　　　　　小班椅子操配乐

第四章　家庭亲子运动游戏

《3—6岁儿童学习与发展指南》明确指出,幼儿园要利用家长资源,组织亲子运动游戏,让家长共同参与幼儿园的运动课程。家庭是幼儿生活和运动的主要场所,所以要充分利用幼儿与家长的亲子时间、居家空间以及家庭中触手可及的道具器械,我们分别针对三个年龄段的幼儿,设计符合年龄特点和运动负荷特点的运动游戏。这些运动游戏从提升免疫力的五个维度出发,以幼儿基本动作发展为载体,以亲子游戏为呈现形式,起到提高幼儿的身体免疫力,发展幼儿综合能力(平衡性、协调性、柔韧性、灵敏性、空间认知能力及身体认知能力)的作用,能有效促进家庭亲子陪伴,提高家庭生活质量。

一、小班

1. 烤玉米

运动目标：锻炼幼儿腰腹力量,提高空间认知能力及平衡性。

运动器械：床单、纸圈、塑料水瓶。

运动方法：

(1) 家长将床单平铺在地面上,在起点和终点处各放1个瓶子,并把纸圈放在起点(见图4-1-1)。

(2) 幼儿从起点出发,在床单上翻滚到终点把纸圈套在瓶子上,然后用手膝爬回起点重新出发,直到拿完所有的纸圈(见图4-1-2、图4-1-3)。

(3) 增加难度:幼儿将腿圈起来,双手抱住膝盖翻滚。从起点拿1个纸圈,放到终点,直到所有的纸圈被拿完(见图4-1-4)。

图 4-1-1

图 4-1-2

图 4-1-3

图 4-1-4

运动量：

（1）翻滚距离 3～5 米。

（2）每组运送 5 个纸圈，完成 3 组即可。

温馨提示：

这类翻滚游戏主要是锻炼腰腹力量，也能锻炼空间认知能力。有些幼儿只会向一个方向翻滚，所以在游戏中，家长让幼儿左右协调地翻滚游戏。

2. 椅子隧道

运动目标： 锻炼幼儿肌肉的爆发力、持久力，提高身体的灵活性和空间认知能力。

运动器械： 书、椅子、纸圈。

运动方法：

(1) 家长将 5 本书摆成 1 列，每本书间距 40 厘米，并在起点放置 5 个纸圈（见图 4-1-5）。

(2) 幼儿从起点拿起 1 个纸圈，双脚从书上跳到终点，把纸圈套在瓶子上后跑回起点，直到所有的纸圈全部被拿完（见图 4-1-6、图 4-1-7）。

(3) 家长在幼儿返回的线路上摆放 2 把椅子，椅子间距 2 米（见图 4-1-8）。

图 4-1-5

图 4-1-6

图 4-1-7

图 4-1-8

(4) 幼儿从起点拿起 1 个纸圈双脚连续跳过书本，将纸圈放到终点的瓶子上后，从椅子下面钻回起点（见图 4-1-9、图 4-1-10）。

运动量： 每组 5 个纸圈，幼儿往返出发 3 组即可。

温馨提示：

运动类的游戏，吸引幼儿的是到终点去干什么。所以，让幼儿拿纸圈去终点一是记录了出发次数，二是给幼儿出发一次的成就感。聪明的家长和幼儿可以发挥想象力，用其他的物品代替纸圈。

图 4-1-9　　　　　　　　　　　　图 4-1-10

3. 小羚羊的独木桥

运动目标： 锻炼幼儿的下肢力量，提高专注力和身体的平衡性。

运动器械： 书、饮料箱、纸圈。

运动方法：

(1) 家长用 10 本书摆出一列"平衡木"，在终点放置纸圈（见图 4-1-11）。

图 4-1-11

(2) 幼儿从起点出发，从"平衡木"上走到终点，拿起 1 个纸圈跑回终点（见

图 4-1-12、图 4-1-13）。

图 4-1-12

图 4-1-13

（3）增加难度：家长在幼儿返回的线路上摆放 3 个饮料箱，每个饮料箱间距 50 厘米（见图 4-1-14）。

图 4-1-14

（4）幼儿从起点走过"平衡木"，放好纸圈后，迈过障碍物返回起点（见图 4-1-15、图 4-1-16）。

运动量：每组拿 5 个纸圈，幼儿完成 3 组即可。

温馨提示：

迈过障碍物这个动作能提高幼儿单脚支撑找到平衡支撑点的能力。这个年龄段的幼儿处于平衡性的敏感期，多运动一下，让小脑更好地发展。

图 4-1-15　　　　　　　　　图 4-1-16

4. 宝宝保龄球

运动目标：锻炼幼儿手指小肌肉力量，提高手眼协调性和空间认知能力。

运动器械：小皮球，空水瓶：3个。

运动方法：

（1）家长将3个空水瓶摆成三角形，再贴出一条投掷线（见图4-1-17）。

图 4-1-17

（2）幼儿在起点将球投出把空水瓶全部打倒（见图4-1-18、图4-1-19）。

运动量：每组投球3次，完成3组即可。

图 4-1-18　　　　　　　　图 4-1-19

温馨提示：

这种开放式游戏，球会到处乱滚，用饮料箱摆出一个屏障，就解决这个问题了。

5. 旋转木马

运动目标： 锻炼幼儿的肌肉爆发力，提升身体灵活性和空间认知能力。

运动器械： 书：10 本。

运动方法：

（1）家长用 10 本书围成一个直径约 1 米的圆圈，每本书间距为 30 厘米（见图 4-1-20）。

（2）幼儿双脚连续跳过每本书，跳 3 圈（见图 4-1-21）。

图 4-1-20　　　　　　　　图 4-1-21

(3) 爸爸站在圆圈中间,和幼儿面对面手拉手,一起跳过每一本书(见图 4-1-22、图 4-1-23)。

图 4-1-22

图 4-1-23

运动量：每组跳 3 圈,完成 5 组即可。

温馨提示：

这个年龄段,双脚连续跳是一个很重要的动作。这个动作既能发展幼儿身体肌肉核心力量,又能强壮骨骼。但是,很多幼儿不能很好掌握,所以家长应多带着幼儿练习该动作。

6. 喂河马

运动目标：锻炼幼儿对力量的控制,提升手眼协调性及注意力。

运动器械：小桶、小皮球(毛绒玩具)。

运动方法：

(1) 家长拿着桶跪坐在终点,在与终点相距 2 米处设起点,幼儿拿着球站在起点(见图 4-1-24)。

(2) 幼儿把球滚到桶里,给"大河马"喂食物。幼儿喂 5 次,和家长交换角色,家长也喂 5 次(见图 4-1-25、图 4-1-26)。

(3) 增加难度:家长把桶立起来,并告诉幼儿换一种方法"喂食物"。每人喂 5 次(见图 4-1-27、图 4-1-28)。

运动量：每组喂 5 次,完成 5 组即可。

第四章　家庭亲子运动游戏

图 4-1-24

图 4-1-25

图 4-1-26

图 4-1-27

图 4-1-28

温馨提示：

要想幼儿对该游戏感兴趣,家长可以模拟河马的声音,在幼儿每投进一次时都说:"哎呀,真好吃"。想让幼儿多投几次,就说:"哎呀,我吃饱了,我吃不下了。"因为幼儿的好奇心和攀比心,他们喜欢做反事。亲爱的家长们,试试吧!

7. 小火箭

运动目标： 锻炼幼儿肌肉爆发力和持久力,提升幼儿灵活性和反应力。

运动器械： 无。

运动方法：

(1) 家长和幼儿相距 2 米面对面站立。

(2) 家长和幼儿先沟通好:拍手、拍头就是"火箭"发射,拍其他的地方幼儿原地不动(见图 4-1-29)。

图 4-1-29

运动量： 每组"火箭"发射 5 次,完成 3 组即可。

温馨提示：

这种反应力类的游戏,家长要注意节奏的规律和变化。另外,还要进行角色交换。

8. 小乌龟的甜甜圈

运动目标： 锻炼幼儿四肢力量,提升身体协调性、平衡性及空间认知能力。

运动器械： 饮料箱 5 个,沙发靠垫 2 个。

运动方法：

(1) 家长用饮料箱摆出一列爬行区(见图 4-1-30)。

(2) 幼儿从起点出发,手膝爬过箱子到终点拿1个纸圈,然后从右侧跑回起点(见图 4-1-31)。

图 4-1-30　　　　　　　　　　图 4-1-31

(3) 增加难度:在箱子之间立着放沙发靠垫当作障碍物,障碍物间隔 1.2 米以上。幼儿从起点出发,在箱子上爬行,还要爬越障碍物(见图 4-1-32、图 4-1-33)。

图 4-1-32　　　　　　　　　　图 4-1-33

运动量:每组爬 3 次,完成 3 组即可。

温馨提示:若是第一次进行这个游戏,家长应在旁边保护幼儿。

二、中班

1. 足球小子

运动目标:锻炼幼儿的下肢力量,提升四肢协调性及身体灵活性。

运动器械:毛绒玩具(或小皮球):8 个。

运动方法：

（1）家长拿6~8个毛绒玩具在相距幼儿2米处盘腿做好，幼儿直立（见图4-2-1）。

图 4-2-1

（2）家长把毛绒玩具抛给幼儿，幼儿抬腿将毛绒玩具踢走（见图4-2-2，图4-2-3）。

图 4-2-2

图 4-2-3

运动量： 每组踢8个，完成5组即可。

温馨提示：

进行这样的游戏，家长需要毫不吝啬大声夸张地赞美："哇，太厉害了！""踢这么远！"如果毛绒玩具被踢到家长怀里，家长要夸张地倒下。这样，不仅能提升幼儿游戏的乐趣,还能带给幼儿对游戏结果的满足感。

2. 跳跃大峡谷

运动目标:锻炼幼儿肌肉爆发力,提高身体平衡性、协调性和空间认知能力。

运动器械:饮料箱(里面装满饮料):3个,纸圈:5个,瓶子:2个。

运动方法:

(1)家长将3个饮料箱摆一列,间距50厘米,在起点和终点各摆放1个瓶子,纸圈放在起点(见图4-2-4)。

图 4-2-4

(2)幼儿在起点拿1个纸圈,从箱子上跳到终点放下纸圈,然后从一侧跑回起点,直到纸圈被拿完(见图4-2-5、图4-2-6)。

(3)游戏结束,胜利击掌(见图4-2-7)。

运动量:每组送5个纸圈,完成5组即可。

温馨提示:

(1)如果幼儿是第一次在高物体上进行游戏,家长可以把饮料箱间距拉近一些,循序渐进。

(2)想让幼儿完成游戏,一定要让幼儿知道到终点干什么。所以,一定要有传递、计数类的小物件,以此带给幼儿努力完成的满足感。

图 4-2-5　　　　　　　　　　　图 4-2-6

图 4-2-7

3. 指挥家

运动目标：锻炼幼儿肌肉持久力，提高身体灵活性、敏捷性和空间认知能力。

运动器械：无。

运动方法：

(1) 家长坐在地面上，双腿打开放好(见图 4-2-8)。

(2) 家长用一只胳膊当作指挥棒，指到哪，幼儿就用双脚跳到哪(见图 4-2-9)。

第四章 家庭亲子运动游戏

　　图 4-2-8

　　图 4-2-9

（3）增加难度：幼儿和家长互换角色（见图 4-2-10、图 4-2-11）。

　　图 4-2-10

　　图 4-2-11

（4）游戏结束，胜利击掌（见图 4-2-12）。

　　图 4-2-12

运动量：每组跳 10 次后互换角色，完成 3 组即可。

温馨提示：家长可以根据幼儿的能力逐渐拉宽跳跃宽度，并使节奏变快。

4. 跳书房

运动目标：锻炼幼儿下肢力量，提高身体协调性和平衡性。

运动器械：书：10 本，毛绒玩具：3 个。

运动方法：

（1）家长把书摆成"跳房子"的样子，每本书间隔 20～30 厘米，在终点放 3 个毛绒玩具（见图 4-2-13）。

图 4-2-13

（2）幼儿按单脚—双脚—单脚的规律跳到终点，抱起一个毛绒玩具跑回起点，直到毛绒玩具全部被拿完（见图 4-2-14、图 4-2-15）。

（3）游戏结束，胜利击掌（见图 4-2-16）。

运动量：每组出发 3 次，完成 5 组即可。

温馨提示：亲子运动是互动性游戏，家长要积极参与。也就是说，运动中要和幼儿互换角色，这样不仅可以让幼儿得到休息，还能给幼儿做正确的动作示范。

第四章　家庭亲子运动游戏

图 4-2-14

图 4-2-15

图 4-2-16

5. 摘葡萄

运动目标：锻炼肌肉的爆发力，提升身体敏捷性和反应力。

运动器械：小棍、绳子、毛绒玩具。

运动方法：

(1) 家长将小棍、绳子、毛绒玩具组合成"葡萄架"(见图 4-2-17)。

(2) 家长将"葡萄架"(毛绒玩具)放在幼儿头顶 10 厘米的高度(见图 4-2-18)。

(3) 家长逐步将"葡萄架"调高，幼儿跳起用手去触碰"葡萄"(毛绒玩具)(见图 4-2-19)。

(4) 游戏结束，胜利击掌(见图 4-2-20)。

图 4-2-17

图 4-2-18

图 4-2-19

图 4-2-20

运动量：每组摸高起跳 8 次，完成 5 组即可。

温馨提示：家长应多让幼儿进行摸高起跳的运动，因为这是帮助幼儿长高最好的方法之一。

6. 回头看

运动目标：锻炼幼儿四肢肌肉持久力，提升身体灵活性、反应力和空间认知能力。

运动器械：无。

运动方法：

（1）家长标出起点和终点，使其相距 4～8 米，且站在终点背对着幼儿，幼儿以手脚爬的姿势在起点处准备（见图 4-2-21）。

第四章 家庭亲子运动游戏

图 4-2-21

（2）家长发令,幼儿向前爬行,然后家长转身看幼儿,这个时候,幼儿调头往起点爬。家长转回身,幼儿再出发。直到爬到终点,互换角色(见图 4-2-22、图 4-2-23)。

图 4-2-22 　　　　　　　　　　　　图 4-2-23

运动量：家长转身 3~5 次,就可以让幼儿爬到终点了。随后,交换角色。

温馨提示：

在亲子游戏中,好多家长反映：幼儿兴趣不浓,不愿意做。其实,可能是家长没有表现力。所以,在游戏中,要注意和幼儿沟通。例如,在这个游戏中,家长转身时动作要夸张,幼儿才会乐在其中。另外,幼儿爬过来抓家长的时候也要做出"没想到这么快我就被抓到"的惊奇表情。

三、大班

1. 跳水运动员

运动目标：锻炼幼儿下肢力量，提升落地缓冲保护性和空间认知能力。

运动器械：饮料箱：3个，计数类小物件：5个。

运动方法：

(1) 家长将饮料箱摆成跳台的样子，幼儿站在上面（见图4-3-1）。

图 4-3-1

(2) 家长发令，幼儿双脚跳下，屈膝缓冲落地，然后跑到终点拿起1个小物件跑回起点，如此往复。直到终点的物件全部被拿完（见图4-3-2、图4-3-3）。

运动量：每次拿完5个小物件，完成3组即可。

温馨提示：从高处向下跳，关键点在于落地缓冲，而不是跳台越高越好（大班5～6岁孩子的跳跃高度是40厘米，可以挑战45～50厘米）。

图 4-3-2　　　　　　　　　　　　图 4-3-3

2. 转转跳

运动目标：锻炼幼儿的腰腹力量，提升身体灵活性和空间认知能力。

运动器械：抽纸：8 包，纸圈：3 个。

运动方法：

(1) 家长摆放 8 包抽纸（相邻颜色不一样），每包间距 30 厘米（见图 4-3-4）。

图 4-3-4

(2) 幼儿从起点转身跳（180 度），背对着是绿色，起跳转身落地面对黄色，依次跳到终点放好纸圈，然后跑回起点。直到放完全部纸圈（见图 4-3-5、图 4-3-6）。

图 4-3-5　　　　　　　　　　　图 4-3-6

运动量：每组出发 3 次，完成 5 组即可。

温馨提示：转身跳是利用腰腹力量带动身体，有的幼儿落地可能不稳，家长可以做些保护措施。

3. 弹道导弹

运动目标：锻炼幼儿上肢力量，提高手眼协调性和专注力。

运动器械：饮料箱：3 个，小皮球：1 个。

运动方法：

（1）将 2 个饮料箱在家长和幼儿中间摆成等于号"＝"，2 个饮料箱间距 30 厘米。家长和幼儿间距 4～6 米（见图 4-3-7）。

图 4-3-7

（2）家长把球从弹道推给幼儿，幼儿接到球后再推回来（见图4-3-8、图4-3-9）。

图4-3-8　　　　　　　　　　　图4-3-9

（3）增加难度：家长在弹道上面摆一个箱子，变成封闭的弹道（见图4-3-10）。

图4-3-10

运动量：每组往返传递10次，完成3组即可。

温馨提示：这种类型的游戏，需要家长多说象声词。例如，家长推球的时候，可以大声模拟火箭发射的声音。

4. 捕鱼达人

运动目标：锻炼幼儿四肢肌肉持久力，提高身体协调性、敏捷性和空间认知能力。

运动器械：无。

运动方法：

(1) 两位家长间距 4 米面对面坐下，幼儿站在中间（见图 4-3-11）。

图 4-3-11

(2) 幼儿手脚撑地，一边的家长把球滚到对面，这个时候，幼儿用身体把球压住，"捕鱼"成功（见图 4-3-12、图 4-3-13）。

图 4-3-12　　　　　　　　　　　　图 4-3-13

运动量：幼儿"捕鱼"10 次后换人，完成 3 组即可。

温馨提示：这种全家总动员的游戏能给家庭带来欢声笑语，是能给家庭成员提高身体免疫力的。因为，愉悦的心情是增强身体免疫力的方法之一。

5. 螃蟹将军

运动目标：锻炼幼儿前庭感觉系统，提升身体平衡性和敏捷性。

运动器械：无。

运动方法：

(1) 幼儿和家长面对面，幼儿盘腿坐好，家长（"螃蟹将军"）手脚撑地（见图 4-3-14）。

图 4-3-14

(2) 幼儿指挥"螃蟹将军"爬行，指左就向左爬，指右就向右爬（见图 4-3-15、图 4-3-16）。

图 4-3-15　　　　　　　　　　图 4-3-16

(3) 左右往返 3 次后，交换角色（见图 4-3-17、图 4-3-18）。

图 4-3-17　　　　　　　　　　　　图 4-3-18

运动量：每组往返 3 次，完成 5 组即可。

温馨提示：家长是幼儿的镜子，您怎么做，幼儿就会怎么做。望子成龙，需要先让幼儿看见龙是什么样子的。

6. 大圆圆平衡乐

运动目标：锻炼身体前庭感觉统合系统，提升身体平衡性。

运动器械：圆球；1 个。

运动方法：

(1) 家长拿起 1 个圆球给幼儿，让幼儿坐在上面(见图 4-3-19)。

图 4-3-19

(2) 家长说"左三圈，转一转"，幼儿就向左边转圈，转三圈；幼儿再转向右边

(见图4-3-20、图4-3-21)。

图4-3-20

图4-3-21

运动量：左右转3圈后交换角色，完成4组即可。

温馨提示：平衡能力是幼儿在6岁之前需要锻炼的很重要的一项能力，它直接关系到小脑的发育。成年后，晕车、摔跤不会应急保护等，都是平衡性锻炼欠缺的表现。

参 考 文 献

[1] 前乔明.0-5岁儿童运动娱乐指导百科[M].陆大江,译.上海:复旦大学出版社,2015.11.

[2] 约翰·瑞迪,埃里克·哈格曼.运动改造大脑[M].杭州:浙江人民出版社,2013.

[3] 斯蒂芬.J.维尔吉利奥.儿童身体素质提升指导与实践.第2版[M].王维,译.北京:人民邮电出版社,2017.

[4] 中华人民共和国教育部制定.3-6岁儿童学习与发展指南[M].北京:首都师范大学出版社,2012.8.

[5] 中华人民共和国教育部制订.幼儿园教育指导纲要(试行)[M].北京:北京师范大学出版社,2001.

[6] 许卓娅.学前儿童体育[M].南京:南京师范大学出版社,2003.

[7] 白爱宝.幼儿发展评价手册[M].北京:教育科学出版社,1999.

[8] 董奇,陶沙.动作与心理发展[M].2版.北京:北京师范大学出版社,2004.

[9] 黄世勋.幼儿园体育活动指导[M].北京:教育科学出版社,1999.

[10] 王瑞元.运动生理学[J].体育科技文献通报,2002(8):5-5.

[11] 万钫.学前卫生学.[M].3版.北京:北京师范大学出版社,2012.

[12] 陈帼眉,冯晓霞,庞丽娟.学前儿童发展心理学[M].西安:陕西师范大学出版社,2013.